中学生の質問箱

恋愛ってなんだろう?

大森美佐

平凡社

私たちの生きる社会はとても複雑で、よくわからないことだらけです。困った問題もたくさん抱えています。普通に暮らすのもなかなかタイヘンです。なんかおかしい、と考える人も増えてきました。

そんな社会を生きるとき、必要なのは、「疑問に思うこと」、「知ること」、「考えること」ではないでしょうか。裸の王様を見て、最初に「おかしい」と言ったのは大人ではありませんでした。中学生のみなさんには、ふと感じる素朴な疑問を大切にしてほしい。そうすれば、社会の見え方がちがってくるかもしれません。

中学生の質問箱

恋愛ってなんだろう？

もくじ

第2章

恋愛にはルールがあるの？　81

はじめに

こんにちは。私は、大学で「恋愛《れんあい》」について研究している社会学者《しゃかいがくしゃ》です。これまでに20代の男女を対象に恋愛や結婚に関するインタビュー調査をおこなったり、「若者の恋愛」についての研究書を執筆《しっぴつ》したりしています。「え？　恋愛って、調査とか研究するようなものなの？」と感じた方もいるかもしれませんね。

日本では、生涯未婚率《しょうがいみこんりつ》（50歳までに一度も結婚を経験しない人の割合《わりあい》）の上昇《じょうしょう》や少子化《しょうしか》が叫《さけ》ばれる一方、中高生を対象としたマンガや映像作品では「恋愛」はいまだ主要なコンテンツのひとつとして扱《あつか》われ、恋愛をテーマにしたライトエッセイも部数を伸ばしており、みなさんにとっても大きな関心事のひとつといえます。また、マンガや映像作品に限らず、恋愛についての情報は身近に溢《あふ》れ、恋愛に対するイメージや考えもそれぞれにお持ちなのではないでしょうか。しかし、「恋愛ってなんだろう？」ってあらためて問われてみると、実《じつ》はそんなに深く考えてみたことがなかったという人も少なからずいるはずです。

もちろん、インターネットの情報や辞書からは簡単に、「恋愛とは○○ということである」などといった説明を知ることはできます。たとえば、『広辞苑《こうじえん》』第七版には、恋愛について、「【恋愛】(loveの訳語)男女が互《たが》いに相手をこいしたうこと。また、その感情」と記述されていますし、『新明解国語辞典《しんめいかいこくごじてん》』第八版には、「特定の相手に対して他の全てを犠《ぎ》牲《せい》にしても悔《く》い無いと思い込《こ》むような愛情をいだき、常に相手のことを思っては、二人だけでいたい、二人だけの世界を分かち合いたいと願い、それが叶《かな》えられたといっては喜び、ちょっとでも疑念《ぎねん》が生じれば不安になるといった状態に身を置くこと」と、こちらが照れてしまいそうな情熱的な説明が記述されています。

これらの説明を読んで、「なるほどね」「私もそう思う!」と納得する人もいるでしょう。しかし、その一方で、みなさんの中には、「恋愛って男女に限定されたものなの?」「特定の相手って一人しかダメなの?」「何かを犠牲にしても悔い無いと思うほどの愛情がないとダメなの?」と疑問に思う人がいたり、現在の恋愛関係が「ほんとうの」恋愛ではないかもしれない、間違《まちが》っているのかもしれないと不安に思ってしまう人もいるのではないでしょうか。そうした疑問や不安は、実は恋愛を考えるうえでとても大切な視点です。

恋愛は、その人のアイデンティティにも深くかかわる個人的なものでありながら、私たちの生きる社会からも大きく影響《えいきょう》を受け、時代とともに変化してきました。この本では、さまざまな恋愛のありかたについてお話しするとともに、読者のみなさんと一緒《いっしょ》に恋愛についで考えを深めていければと思います。

第1章

恋愛ってなんだろう？

1 恋をするのが「ふつう」なの？

――はじめて会う人と、恋バナするのって恥《は》ずかしいな……。

かしこまらないで大丈夫《だいじょうぶ》！「恋愛」の話といっても、好きな人のことを事細《ことこま》かに聞くわけではありません。少し真面目《まじめ》に、みなさんと恋愛のことを考えられたらいいなと思っていて……そうですね。では、私からいくつか質問させてもらいますね。みなさんはいま、恋愛をしていますか？

――恋愛をしているかどうか……？　それって、付き合っている人がいたり、好きな人がいたりするかどうかってこと？

「恋愛」という言葉は、人それぞれとらえ方が違《ちが》うものです。なので、自分が考える「恋愛」で大丈夫ですよ。

――うーん。いまは好きな人もいないし、付き合っている人もいないから、恋愛は「していない」かな。

なるほど。では、「恋愛したい」という気持ちはありますか？

――したいかどうかなんて、考えたことなかった。するのがふつうじゃないの？

結論から言えば、恋愛をするのが当たり前、というわけではありません。周りで「好きな人ができたことがない」、「好きって気持ちがわからない」というお友だちはいませんか？

――あ、友だちで「好きな人ができたことない」って子がいる。

みなさんはまだ中学生なので、これから好きな人に出会う可能性もありますが、そもそも好きという感情が湧《わ》いてこない人、わからないという人もいます。誰《だれ》かを好きだという気持ちはあっても、身体の触《ふ》れ合いは嫌《いや》という人もいます。あとでまたくわしく説明しますが、それだけいろいろな恋愛のかたちがある、ということはぜひ頭に入れておいてください。

——いろいろな恋愛かあ。その友だちは「好きな子だれ？」って聞いても、いつも答えてくれなくて。クラスの子には「変わっているよね」、「私たちに教えてくれないんだね」とか言われて、ちょっとグループに居《い》づらそう。私はなんとも思わなかったけど、「好きな人ができないのって変なのかな？」ってその子が悩《なや》んでいたから、いまのを聞いてちょっと安心した。

まったく変なことではないですよ。恋愛や性愛《せいあい》にまつわる関心がどの性別に向くか、向かないかを「性的指向《せいてきしこう》」と言いますが、恋愛感情が湧かないのも、性的指向のひとつです。この「性的指向」については、のちほどくわしくお話ししますね。国立社会保障・人口問題研究所というところが、「あなたは自分の性的指向をどのように認識（自認《じにん》）していま

誰に対しても恋愛感情を抱かない人もいる

すか？」という調査をしました。その結果、「異性のみに性愛感情を抱《いだ》く（異性愛者《いせいあいしゃ》）」と答えた人が全体の84・１％と最も多く、「同性のみに性愛感情を抱く（同性愛者《どうせいあいしゃ》）」と答えた人は０・８％、「男女どちらにも性愛感情を抱く（両性愛者《りょうせいあいしゃ》）」と答えた人は２・６％でした。

その中で、「誰に対しても性愛感情を抱かない」と答えた人は全体の２・０％という結果が出ています。[*1] 18〜59歳を対象にした一つの調査結果なので、あくまでも参考の数字ですが、「好きという気持ちがわからない」ことは、けっしてめずらしいことではないのです。学校で考えると、１学年１００人ならばそのうち２人はいる計算になりますしね。

——そっか。友だちみたいな子がほかにもいるんだ。

もうひとつ、こんな調査結果もあります。「自分の性的指向を決めたくない、決めていない」という回答を選んだ人が、全体の６・６％もいたんですよ。

——決めたくないって、どういうこと？

性的指向をカテゴリーに分けたくない、ということですね。回答した人の多くは、「自分に異性愛者、同性愛者、両性愛者、無性愛者といったラベルをつけたくない」、「まだ決めていない、迷っている」と答えていました。

――ラベルをつけたくない、なんて考えたことなかった！

それだけ、いろいろな性的指向があって、自分にとっての恋愛のかたちを誰もが明確《めいかく》に決められるものではないということですよね。実は、恋愛というのは複雑で多面的《ためんてき》なもの。みなさんに知っていただきたいのは、性的指向は揺《ゆ》らいでいいものなんだよ、ということです。

――性的指向は、揺らいでいい……。

はい。誰を好きになるのか、誰も好きにならないのか、そもそも恋愛をしたいのか。生きていく中で迷ったり変わったりすることは当然で、好きになる対象の性別が変わる可能性もあります。

自分自身の恋愛のかたちを急いで決めなくていい

――私は女の子で生まれたから、自分は女の子で、男の子を好きになるんだって無意識に思っていたかも。

多くの人が疑問を持っていないかもしれませんね。でも「これがふつうの恋愛」、「それ以外の恋愛はおかしい」なんていうことは、そもそもないはずです。そして、自分自身の恋愛のかたちを、急いで「これだ」と決めなくていい。迷うことがあれば一度立ち止まって考えてみると、意外な自分に気づいたり、少数派《しょうすうは》の友だちの声にも耳をかたむけられたりするかもしれません。

――そう言われると、私も小学生のときに好きだった子がいるけど、ほんとうに好きだったかどうか、いま考えるとわからないかも。いまも好きな人はいないから、私もこのまま恋愛しないのかな……。

そういう可能性もありますよね。でも、先ほどの質問に戻《もど》ると、「恋愛をしたい」と思うことはありますか?

——そうだなあ……誰かと付き合ってみたいとは思うかも。だから、恋愛したい、かな？

「付き合う」ということに、あこがれがあるんですね。

——うん。少女マンガが好きだから、ああいう恋愛にあこがれる。中学生になってから、周りでも「好きな人ができた」って子が増えてきた気がするし。そういう年頃《としごろ》なのかな？

一般的《いっぱんてき》には、小学校高学年以降、思春期《ししゅんき》と呼ばれる時期から、他者《たしゃ》への関心が強くなると言われています。思春期は、初経《しょけい》や精通《せいつう》が始まって心と体の変化が大きな時期。ホルモンの分泌《ぶんぴつ》によって、性や愛といった性的関心が高まるような身体の仕組《しく》みになっているとも言われています。学校の保健体育の授業で、身体の変化や性愛について学ぶ時間があるのは、そういう理由ですね。ただ、人によって恋愛への関心度合《どあ》いは異なりますし、最近では「若者の恋愛離《ばな》れ」がさけばれていて、恋人がいない人の割合が増えていることが話題になっています。

――なんか、ニュースでみたことがあるかも。

男女共同参画白書《だんじょきょうどうさんかくはくしょ》によると、20代の男性のおよそ7割、女性のおよそ5割が「配偶者《はいぐうしゃ》、恋人はいない」と回答しています。[*2]

――そんなに少ないんだ！　うちのクラスのほうが恋人がいる人は多いかも。

若者が恋愛への関心が低くなっているというより、ほかのことに興味があって恋愛の優先順位が低かったり、付き合うことがめんどうに感じたり、男女の友だち関係が当たり前になっているので恋愛関係を望んでいなかったりと、いろいろな理由があるのかなと思います。

――周りとくらべて焦《あせ》っていたから、ちょっと安心した！

2 そもそも、恋愛ってなあに？

——やっぱり、恋愛研究をしている先生と恋バナすると安心するね。なんでも知ってて、恋愛のプロって感じ！

よく勘違《かんちが》いされるのですが、私は「恋愛のプロ」でも「恋愛の先生」でもないんですよ！　あくまでも、恋愛について「社会学的に」研究をしています。

——「社会学的に」ってどういうこと？　恋愛を研究するのって、両思いになる方法や相手を好きにさせる方法を知っているんじゃないの？

いえいえ！　社会学とは日常に溢れている「当たり前」を問い直し、社会で起こるさまざまな現実を理論や科学的な分析《ぶんせき》によってあきらかにする学問です。たとえば日本では長いあいだ「少子化」が問題になっていますが、その原因を「若者の恋愛離れ」だけにひもづけて考えることは、あまりに根拠《こんきょ》が不明確です。働く女性が増えたことで結婚に意味が見いだせなくなったり、出産《しゅっさん》・育児《いくじ》に関する経済的な負担《ふたん》が大きく子どもをもつことをためらう若者が増えていたりと、もっと別の問題が根底にあるかもしれない。そうした、見えなくされている課題を調査によってあぶり出して、ひとびとの意識を知ったり、社会をより理解することで改善《かいぜん》に役立てたりする学問が社会学です。

私はこれまで若者の「恋愛」をテーマに、告白、付き合う、別れ、結婚など恋愛にかかわる一連のプロセスについて、インタビューをおこなってきました。その語りによって、現代の若者が、どのように恋愛をしているのかをあきらかにしたいと思ったのです。現在は、結婚後の夫婦《ふうふ》関係についての研究もしています。

――どうして恋愛研究をしたいなと思ったの？　先生は恋愛で苦労したとか？

個人的な話ですが、10代のころに交際していた相手の親からのひと言《こと》が、大きく影響しています。私は彼と中学から約8年間、お付き合いをしていたんですね。高校卒業後の進路選択《せんたく》で、私は東京の大学に進学を決めて、相手は高校卒業後すぐに就職《しゅうしょく》することが決まっていました。進学後も遠距離《えんきょり》で彼との関係は続きましたが、相手の親に「大学に進学するなら、息子とは結婚できないね」と言われたことがずっと心に引っかかっていました。

――ええ！ なんで大学に行ったら結婚できないの？ 相手は卒業まで待てないってこと？

私も自分の「進路」と「恋愛、結婚」を結びつけて語られることに、ものすごく違和感《いわかん》を覚えました。ただ、私の地元には、大学に進学せず就職する人、若くして結婚、出産をし、一戸建《いっこだ》てのマイホームを若いうちに買う人も多いです。なので、高校を卒業したらすぐに就職、結婚、出産というルートが珍しくはありません。でも、東京ではそういう考えの友人に出会いませんでした。同じ時代に生きていたとしても、恋愛や結婚の価値観《かちかん》や考えかたに地域差や個人差があるのかもしれないな、と思ったのが恋愛研究に興味を持ったきっかけです。

――私はお母さんもお父さんも仕事をしているし、大学の話もよく聞くから、当然女

の子でも大学や専門学校とかに行くものだと思ってた。高校を卒業して結婚なんて、あと4年⁉ あっという間で考えられないよ！

もちろん、なるべく早く結婚や出産をしたい人もいるでしょうし、どちらがいい、悪いという話ではありません。ですが、恋愛は個人と個人の関係の中で答えを見つけていくものだと思っていたのに、実際には学歴やジェンダー（社会的・文化的な性差）、家庭環境《かんきょう》といった、社会的な要素がかかわってくるということに興味を持つようになりました。

――恋愛と社会がかかわるなんて、想像したこともなかったな。

恋愛と社会は密接にかかわっている？

みなさんも気づいていないだけで、実は恋愛と社会は密接《みっせつ》にかかわっているんです。たとえば「デート代は男の子が支払《しはら》うもの」というイメージがあるかもしれませんが、それは社会がつくった「男らしさ」。「女の子からキスをするのはよくない」というイメージは、「女性は受け身なほうがいい」「恋愛は男性がリードするもの」という、社会がつくった「女らしさ／男らしさ」の押《お》しつけです。もっと自由に、自分らしい恋愛をするためにも、調査から見えてきたいろいろな恋愛のお話をみなさんとできたらと思います。

――自由な、自分らしい恋愛かあ……。そもそも、恋愛ってなんだろう？

それは、難しい質問ですね。いちばん難しい質問かもしれません。

――そうなんだ。

私は恋愛や結婚をテーマに研究をしていますが、あえて恋愛の定義を「これだ」とは決めていません。どうしてかというと、先にも話したとおり、恋愛への意味づけは時代や階《かい》層《そう》、ジェンダーなど、さまざまな社会的な要素が絡《から》み合い構成されます。そのため、現代の若者たちがどのように「恋愛」を意味づけているのか自体を問うことに研究意義があると考えたからです。また、恋愛研究をしている社会学者の山田昌弘《やまだまさひろ》さんは、「恋愛とは『感情次元《じげん》の現象《げんしょう》』で、結婚は『制度』だ」と言っています。つまり、「結婚」という「制度」ならば言語化ができ、議論もしやすいけれど、人の感情が深くかかわってくる「恋愛」は、個々の価値観によるところが大きいので、なかなか言葉にしづらいという難しさがあります。つまり、恋愛や結婚は、社会の変化に影響されて、時代によってその意味合いが大きく変わるということもポイントです。

——時代によって恋愛が変わるって、どういうこと？

たとえば、いまの恋愛は「本人の意志」がとても大事にされ、自分が望む恋愛のかたちを追求《ついきゅう》するのがよしとされるわけです。恋愛はするけれど、結婚はしないという人も少なくありません。しかし、昔はもっと恋愛と結婚の結びつきが強く、そこには本人どうしだけでなく、自分や相手の家族も大きく関与《かんよ》してきました。親がすすめた人とお付き合いをしたり、生まれる前から結婚相手が決まっていたり……。

——そういう話、少女マンガで読んだことがあるよ。「いいなずけ」だっけ？　幼いころから結婚することが決まっている人がいるなんて、信じられないなあ。

お見合い結婚の割合も、いまよりもっと高かったと言われています。恋愛の意味合いやとらえかたも、そのころといまとでは違っていたはずです。そう思うと、恋愛という言葉のもつ意味や価値観は、時代によって大きく変化するし、その人の育ってきた環境など、ごく個人的なものも影響するということがいえます。

――たしかに、友だちと恋バナしてても、恋愛がいちばん大切で彼氏とずっと一緒にいたいって子もいれば、私は友だちと過ごすのも好きだし、自分の時間もほしいからずっとはイヤ。だから、人によって違うなって思う。

個人個人で、恋愛のとらえかたが違いますよね。あと、「恋愛はこういうものです」と定義してしまうと、その枠からはみ出た考えや価値観は、ないものにされたり、先ほどの話にあったクラスメイトの子のように「変わってる」と指をさされたりする可能性があります。だから、研究するときには、恋愛のありかたは多様であることも意識しながら、現代の若者たちの間でみられる「恋愛」に対する共通の意識や行動を探るように心がけています。さて、みなさんは恋愛にどんなイメージをもっていますか?

――そうだなあ、付き合った相手と手をつないだりキスをしたり、そういうのを思い浮かべるかも。

友だちとはまた違った、特別な関係ということでしょうか？

――うん。友だちよりも、もっと距離《きょり》が近いっていうのかな……。いっぱい連絡をとったり、触れ合ったりするイメージ。でも、好きな人だったら、付き合えたらそれだけでもう満足しちゃうかも。

たとえば、もし好きじゃない人に告白されたらどうしますか？

――うーん、その場のノリで決めるかなあ？　そのとき恋人がほしかったら、付き合っちゃうかもしれない。でも、そんないいかげんな気持ちで付き合うのってダメだよね……。

どうして「ダメだ」って思うのでしょうか？

――ええ～、ちゃんと好きじゃないと、付き合っちゃダメなのかなって。

「ほんとうに好きじゃないと交際しちゃダメ」、「付き合ったらキスしたり手をつないだりできる」など、恋愛には「これはいい」と「これはダメ」という暗黙《あんもく》のルールみたいなものが存在していて、不思議《ふしぎ》ですよね。

――たしかに！　誰が決めたんだろう？

そうした、いつ、誰が決めたのか定かではない約束事を、「恋愛における暗黙のルール」として認識してしまっている可能性がありますよね。そのように、ひとびとの判断や行動について「○○すべき」と定めているルールのことを「規範《きはん》」と呼びます。恋愛に限らず、私たちは生きていく中で、多かれ少なかれ「規範」に影響されているものです。

でも、付き合ったらキスしてもいいってほんとうでしょうか？　恋人の行動をすべてチェックしてもいいんでしょうか？　みなさんにまず知っておいてほしいことは、恋愛は自分と相手との「コミュニケーション」が肝心《かんじん》だということ。付き合った人どうしで「これはオーケー」「これはダメ」と逐一《ちくいち》確認して、話しながら知っていく必要があります。そうして、ふたりにとっての「恋愛とはなにか」が少しずつわかってくるといいですよね。

3 多様な性のありかたと親密さのかたち

先ほど「恋愛にはいろいろなかたちがある」って話をしましたよね。

――誰を好きになるのか、誰も好きにならないのか、恋愛をしたいのか、ってやつだよね。

そうですね。そもそも、恋愛と関係の深い「性」が、多面的で複雑なものです。ここでは「性のありかた」について学んでいきたいと思います。

――性のありかたって、どういうこと？　男と女だけじゃないの？

いいえ。性のありかたというのは、男性と女性の2種類だけではないんです。男性と女性の中間だったり、どちらも違ったり、その枠組《わくぐ》みに当てはまらない、さまざまな性のありかたがあります。たとえば、出生《しゅっせい》時に割り当てられた性別と、自分が認識している性別が異なる人もいます。あるいは、「自分は男女いずれにも属さない」と感じている人もいます。

——私は「生まれたときからいままでずっと女の子」って思っているけど、そうじゃない人もいるってことだね。

そうですね。生まれたときに割り当てられた性別が、その人自身がしっくりくる性とはかぎりません。幼いころからはっきりと違和感をもっている人もいますし、いろいろなことを経験する中で迷ったり揺らいだりして、変わっていく人もいます。さまざまな性のありかたについて知っておくと、たくさんの人に出会う中で、誰かを悪気なく傷つけることも少なくなるはずです。

——そうだね、考えてみたい！

性のありかたは
男性と女性の２種類だけじゃない

まず、性のありかたを考えるときは、大きく4つの要素に分けて整理することができます。

①出生時に割り当てられた性別を指す「**法律上の性**」
②自分の性別をどう認識しているかという「**性自認**」
③恋愛感情や性的な関心がどの性別に向いているのか、またはどの性別にも向かないのかを指す「**性的指向**」
④服装や髪型《かみがた》、言葉づかい、しぐさなど自分の性別をどう表現するのかという意味の「**性表現**」

これらの要素を一つずつ考えていくと、自分の性のありかたが見えてきます。

――こんなに、細かく分かれているんだ！

まず①の「法律上の性」とは、生まれたときに身体の特徴によって割り当てられる性別のことです。医師や助産師が出産時に「かわいい女の子ですよ」と声をかけるシーンを、ドラマなどで見たことはありますか？　身体のつくり（外性器《がいせいき》）によって、医師たちがどちらの性別かを割り当て、「出生証明書」に男女いずれかの性別が記載《きさい》されます。

——赤ちゃんの顔だけじゃどっちかわかんないけど、身体のつくりで男の子か女の子を判断しているんだね。

続いて②の「性自認」とは、その人自身が認識している性別のことです。みなさんは性自認について、どう思っていますか？

——女の子かなあ。生まれたときから女の子って言われてきたし。

生まれたときに割り当てられた性別は女の子ってことですね。心の中ではどう思っていますか？

——どうだろう……女の子だとずっと思っていたけど。

いまのところは「女性」という性別に対して、違和感をもっていないってことですね。

——そうだね。でも、違和感がある人もいるってことだよね？

はい。「私は女です」、「私は男です」と疑問に思わず答えられる人もいれば、「生まれたときの性別は私じゃない」という人や、「わからない」という人、「男か女か決めたくない」という人、「だんだん変わっていった」という人もいます。

——そんなにいろいろなパターンの人がいるんだ。

戸籍《こせき》に登録された性別や、身体のつくりと関係なく、あなた自身にとってどの性別がしっくりくるのか、ということですね。あくまでも一例ですが、呼び名がついている性自認のバリエーションを紹介《しょうかい》します。

性別が決まっている人で、出生時に割り当てられた性別にたいして違和感がなく、性自認と一致している人を「シスジェンダー」といいます。そして、先ほども触れましたが、生まれたときに割り当てられた性別と性自認が異なる人を「トランスジェンダー」と呼びます。性自認がどちらでもない、わからない、どちらにも分類されたくないなど、男女どちらにも当てはまらない人を「Xジェンダー」、「ノンバイナリー」と言います。英語圏では「ジェンダークィア」とも言われますね。

――それでいうと、私は「シスジェンダーの女の子」ってことだね。「男でも女でもない」っていう感覚があるってこと、はじめて知った。

Xジェンダーを公表したあるモデルさんは、「どちらかの性別としてではなく、私自身を見てほしい」とおっしゃっていました。性別にとらわれない、自分の好きなファッションやメイクを楽しんでいる姿は、とても素敵です。

――ああ、その気持ちはちょっとわかるかも。スカートをはいているだけで「女の子っぽいね」とか「ぶりっこしてる」とか言われると、「かわいいからはいているだけなのに」って思う。男の子っぽい格好をしたい日もあるし……。

どんな格好をしたいのかは④の「性表現」にかかわる話ですが、その日によって変わることはありますよね。同じように性自認が男だったり女だったり、時々によって流動的に変化する人もいますよ。

――今日は男で明日は女になる、みたいなこと？

そういうことですね。その日によって「今日は男だな」とか「今日は女だな」と感じることもあれば、年単位で変化を感じる人もいるかもしれません。性自認が揺れ動くことは決しておかしな現象ではありません。

Xジェンダーの中にもいろいろな人がいます。男性と女性の中間にいる人や、男性寄りだけど女性っぽさもあるという人、男性でもあり女性でもあるという人、逆に男性でも女性でもないと自認している人……。履歴書《りれきしょ》やアンケートなどで性別の回答欄《らん》が男か女しかないことが問題視されて、最近は「どちらにも当てはまらない」という回答欄も増えてきました。米国では、パスポートの性別欄に「M（男性）」、「F（女性）」に加えて「X（性別を規定しない）」が選択できるようになりました。ですが、もっと性別はグラデーションがあります。横線を引いてその両端に「男」、「女」と書いてみて、どのあたりに自分がいるのかな？　どこにもいないのかな？　と考えると、性自認を理解しやすいのではないかなと思います。

――なるほどなあ。あと、「性別を決めたくない」って人もいるんだね。

どの性別にも当てはまらない、わからない人は「クエスチョニング」とも言います。性別で区別せず、男性、女性どちらでもない人をあらわす言葉が生まれて、著名人でも「私はノンバイナリーだ」と公表する人が出てきています。こうした発言は、性の多様性を感じて、多くの人が男女以外の性別もあることを知るきっかけになるのではないかと感じます。

――クラスの子で、男の子だけどかわいいものが好きな友だちがいるんだ。メイクも好きで、休日はスカートもはくみたいだし、その子はXジェンダーなのかな？

その子がXジェンダーかどうかは、それだけでは決められないですね。先ほど紹介した④の「性表現」にまつわる話ですが、性表現とは、「自分自身がどのような性別の表現をしたいのか」を指す言葉です。身体の性や性自認とはまた違って、髪型や服装、振《ふ》る舞《ま》いや話し方などで女性っぽいものが好きか、男性っぽいものが好きか、という判断基準ですね。生まれたときに割り当てられた性別は男性で、性自認も男性だけど、スカートやメイクといった女性らしいものがしっくりくる人もいます。

——そっかあ……よく「おまえ、女かよ！」っていじられているから、もしかしたら心は女の子で、男の子が好きなのかなって思ってた。

たとえば服装や髪型、言葉づかいなどがいわゆる「ボーイッシュ」な女の子でも、性自認は女の子で、性的指向は男の子という人もいるでしょう。見た目や話し方だけで、その人の性のありかたまで決めてしまわないようにしたいですね。

見た目やふるまいだけで性のありかたを判断しない

——たしかに、その子はその子だもんね。

そうですね。みんなが、そういう価値観をもってくれたらいいなと思いますね。次に③の「性的指向」について考えてみましょう。先ほども「性的指向」について話しましたが、覚えていますか？

――いろいろな恋愛ってやつだよね。どんな性別の人が好きかとか、誰も好きにならない人もいるんだよってこと。

覚えていてくれたんですね！　実は「性的指向」とは別に、「恋愛的指向」という言葉があります。それぞれ説明していきますね。「性的指向」とは、どんな性別の人に性的な魅力を感じるのか、ということ。英語では「セクシュアル・オリエンテーション」と言われます。

――性的な魅力を感じるってどういうこと？

たとえばキスをしたい、手をつなぎたい、といった触れ合いを求める気持ちが誰に向かうのか、ということです。手をつなぐ、キスをする、ハグをする、セックスをするなど、身体の触れ合い的な意味が強いですね。いっぽう、「恋愛的指向」は、ドキドキしたり、一緒に過ごしたかったりと、どんな性別の人に恋愛的な魅力を感じるのかということ。英

性的魅力と恋愛的な魅力は必ずしも一緒じゃない

語では「ロマンティック・オリエンテーション」と言われます。

――それって一緒じゃないの？　好きってことは触れ合いたいたいんだと思ってた。

好きだからといって触れたくはなかったり、逆に恋愛感情はないけれど触れ合うことは求めたり、性的魅力と恋愛的な魅力は必ずしも一緒ではないんです。たとえば、性自認はシスジェンダーの女の子で、男性に対して恋愛的な気持ちを抱くけれど、触れ合いたいと思う相手は女の子、という人もいます。

――たしかに、クラスの子で、彼氏と付き合って遊んだり連絡したりするのは楽しいけれど、手をつなぐのは気持ち悪いって言ってる子がいた。そこの気持ちって別々なこともあるんだ。

異性を好きになるのか、同性を好きになるのか、女性も男性も恋愛対象なのか、誰にも性的魅力を感じないのかなど、性的指向・恋愛的指向の中でもさまざまなかたちがあります。一例ではありますが、呼び名がついているものを紹介しますね。

まず、異性に性的欲求を感じる人を「ヘテロセクシュアル」、異性に恋愛感情を抱く場合は「ヘテロロマンティック」と呼びます。性自認が女性で、女性に対して性的な魅力や恋愛感情を抱く人を「レズビアン」、性自認が男性で、男性に対して性的な魅力や恋愛感情を抱く人を「ゲイ」と言います。そして、男性と女性どちらにも性的な魅力を感じる人を「バイセクシュアル」、恋愛的な欲求のみの場合は「バイロマンティック」と呼びます。女性や男性など相手の性別にとらわれず、どんな性のありかたでも、その人自身に性的欲求を感じる人を「パンセクシュアル」と言います。

性的マイノリティ（少数派のこと）であるレズビアン、ゲイ、バイセクシュアル、トランスジェンダー、そしてクィア・クエスチョニングの頭文字をとり「LGBTQ+」と言いあらわされることも多いですね。ちなみに「性のありかた」は、英語では「セクシュアリティ」と言います。

――ちょっとまって……カタカナが多くてわからなくなってきた。

用語を完璧《かんぺき》に覚えなくても、大丈夫ですよ！　性のありかたって多様なんだな、ということだけ頭に入れておいてもらえたら、あとは疑問に思ったときにページを開いてみてく

恋愛的指向（ロマンティック・オリエンテーション）

ヘテロロマンティック（異性愛者） 異性に恋愛感情を抱く人

ホモロマンティック（同性愛者） 同性に恋愛感情を抱く人

ゲイ 男性に恋愛感情を抱く男性

レズビアン 女性に恋愛感情を抱く女性

バイロマンティック（両性愛者） 男性にも女性にも恋愛感情を抱く人

パンロマンティック（全性愛者） 相手の性を問わず恋愛感情を抱く人

アロマンティック（無性愛者） 恋愛感情を抱かない人

クエスチョニング 恋愛感情を抱く性を模索中の人

性的指向（セクシュアル・オリエンテーション）

ヘテロセクシュアル（異性愛者） 異性に性的に惹かれる人

ホモセクシュアル（同性愛者） 同性に性的に惹かれる人

ゲイ 男性に性的に惹かれる男性

レズビアン 女性に性的に惹かれる女性

バイセクシュアル（両性愛者） 男性にも女性にも性的に惹かれる人

パンセクシュアル（全性愛者） 相手の性を問わず性的に惹かれる人

アセクシュアル（無性愛者） 性的に惹かれることがない人

クエスチョニング 性的に惹かれる性を模索中の人

ださい。ひとつだけ、言葉の使いかたで気をつけてもらいたいことがあります。「ホモ」や「レズ」という言葉は聞いたことがありますか?

――ああー、うん。クラスメイトがふざけて、男の子に「おまえホモみたいだな」とか言ってたことがあった。

ホモはホモセクシュアル、レズはレズビアンの短縮形ですが、これらの言葉は歴史的に侮辱《ぶじょく》的な意味で使われてきました。クラスの子も、たとえ悪気がなかったとしても、その言葉によって相手や、それを耳にした誰かを傷つけてしまう可能性があります。

――そうだよね、私も聞いていて気分が悪かった。

当事者《とうじしゃ》が、自分のアイデンティティとして「ホモ」や「レズ」という短縮形をあえて使うこともありますが、当事者以外の人間が使っていいわけではありません。また、時代や社会の流れによって、言葉の使いかたやニュアンスは変わっていくものです。「昔はテレビやマンガで使っていたから問題ない」ということではないんですね。じゅうぶん注意してもらえたらと思います。

ここまで、さまざまな性のありかたについて説明してきましたが、これらに当てはまらない性のありかたも存在します。先ほども話したように、ひとりひとり性のありかたは違っていて、グラデーションのように広がっているし、違和感をもったり、揺らいだりすることは決しておかしいことではありません。「あれ、ちょっと違うかも」と感じたら、自分の性のありかたをぜひ振り返ってみてください。

――先生も揺らいだことがあるの？

私もあります。中学生のときに男の子を好きになって、お付き合いしたことがありました。だけど、高校生のころカナダに留学をしていたとき、ある女の子ととても仲良くなったんです。どこに行くにも常に一緒に行動していて、クラスメイトが「ミサはレズビアンだ」とうわさしていたことをあとで知りました。人から言われると、「私ってそうなのかな？」と思いますよね。それまでずっと、自分のことをシスジェンダーの女性で、ヘテロセクシュアルだと思っていたけれど、もしかするとレズビアンなのかもしれない。正直、当時はとまどいました。

――先生も悩んだんだ。

はい。自分としてはこの気持ちは「友だちとしての好き」なのに、他者からは「恋愛対象としての好き」に見えるのか？　といっぱい悩みました。だけど、いま思い返せば、そこではっきりと性のありかたを決めつけなくてもよかったのではないかな、と思っています。周りの価値観や基準にとらわれず、性のありかたを考えたうえで、「私は誰が好きなのか？」、「恋愛をしたいのか？」、「どんな恋愛をしたいのか？」、そういった私の恋愛について、もっと考えればよかったと思います。

――先生はそれから、その子と付き合ったの？

私の場合は、他者から言われた言葉で戸惑《とまど》いを感じつつも、恋愛の対象として惹《ひ》かれるのはやはり男性だということに気がつきました。なので、もしかしたら今後変わるかもしれないですが、いまの私自身の性のありかたは「シスジェンダー」の「ヘテロセクシュアル」、という認識です。さて、みなさんは自分の性のありかたについてどう思いますか？

――どうなんだろう……いまは男の子が好きだけど、もしかしたら女の子も好きになるかもしれないよね？　あれ、その前に自分自身の性別を決めるの？　なにから考えればいいのか、わからなくなってきちゃった。

もちろん、すぐに結論を出さなくても大丈夫です。ゆっくりと考えていきましょう。

――どんなことから、考えたらいいのかな？

これまで振り返ってきたように、出生時に割り当てられた「法律上の性別」はなにか、それとは区別して、自分が認識する心の性別「性自認」はなにか。男か女の二択ではなく、男と女の割合で示してもいいですし、わからない、決めたくない、どこでもないという回答もあると思います。続いて、どんな性別に性的に惹かれるのかという「性的指向」、恋愛的に惹かれる「恋愛的指向」、どんな見た目やふるまいがしっくりくるのか、という「性表現」。これらを整理して考えてみると、性のありかたが見えてくると思うので、ぜひ試してみてください。

4 恋愛感情や性欲がわからない

先ほど、くわしく触れられなかった性のありかたがあります。どんな性のありかたの人に対しても、性的に惹かれなかったり、恋愛感情がわかなかったりするセクシュアリティです。

——さっき、友だちのところで話に出たね。好きにならない人もけっこういるよって。

そうです。他者に対して性的欲求をもたないセクシュアリティを「アセクシュアル」、他者に恋愛的に惹かれない人を「アロマンティック」と言います。「Aセクシュアル」、「Aロマンティック」と表記されることもありますね。

——恋愛的に惹かれないってことは、恋愛が嫌《きら》いってこと？

人によってとらえかたはさまざまです。恋愛に興味をもてない、そうした感情がわからないという感覚の人もいるでしょうし、なかには恋愛に嫌悪感をもっている人もいるかもしれませんね。

——アセクシュアル、アロマンティックのなかでも、いろいろな人がいるんだ。

そうですね、ここにもグラデーションがあります。恋愛的には好きだけど、性的欲求がない人を「ロマンティック・アセクシュアル」、相手に性的欲求も恋愛感情もどちらも抱かない人を「アロマンティック・アセクシュアル」と、ふたつの言葉をつなげて呼ぶこともあります。あとは、どちらなのかわからなくて「アセクシュアル？」とクエスチョンマークをつけている人もいますね。ただ気をつけてもらいたいのは、恋愛感情がないからといって、相手に対する感情が欠落しているわけでも、愛がないわけでもありません。みなさんにも、恋愛感情というわけではないけれど、「好きだ」と感じている身近な人はいますか？

――うん、友だちも好きだし、私は家で飼っているワンコも好きだよ。

そう、そんな感覚です。当事者のかたから「喜怒哀楽《きどあいらく》もあるし、恋愛以外の「好き」も知っている」という声を聞いたことがあります。それだけ、アロマンティックの人は好きがわからない＝感情がない、と勘違いされるのかもしれません。「好き」の度合いやありかたは人によって違いますが、誰かを大切に想う気持ちはみんなにあるんです。

――友だちに好きな人を聞かれて「いまはいないよ」って言うと、「なんで？」とか「早く好きな人に出会えるといいね」とか言われたこともあるなあ。だから、心のどっかで、恋愛するのが当たり前なんだって思っていたかも。

そういう社会のムードは根強くありますね。でも、好きな人がいないことは決して変なことではないですし、恋愛をしているほうがえらいわけでもない。恋愛はプライベートなことですから、話しづらいだけで、実は同じような感覚の人が近くにいるかもしれません。

——たしかに。でも、こういう人もいるんだよって知るだけでも、仲間ができた気持ちになるよね。友だちにもアロマンティックとかアセクシュアルっぽい子がいるから、今日のことを話してみようかな。

興味をもって自分から学んだり、悩んだときに仲のいい友だちに相談したりすることはとても大事なことですね。ただ、友だちでも、家族でも、他者に性のありかたを聞き出すことは、その人のプライバシーに深くかかわる問題です。「カミングアウト」という言葉は聞いたことがありますか？

——ああ～、聞いたことはあるけど、よくわからないな。

「カミングアウト」とは自分の性のありかたを第三者に打ち明けることです。LGBTQ+の当事者が、親しい人に自分自身の性自認や性的指向を打ち明けるときに「カミングアウト」とよく表現されます。これは、「coming out of the closet」（これまで自分の身を隠《かく》していたクローゼットから出る）という表現からきています。多様な性のありかたに対してまだまだ偏見《へんけん》がある社会で、こうした行動は非常にセンシティブなものです。心ない言葉をぶつけられるんじゃないか、友だちでいられなくなってしまうんじゃないか、と不安を抱えると思います。

――そんな！　大切な友だちだったら、むしろ、打ち明けてもらえないほうがさびしいけど……。

性にまつわる不安や悩みの深さは、本人にしかわかりません。どれだけ親しい友だちだとしても、カミングアウトするかどうかは本人次第です。なので、性のありかたをこちらから聞き出すことはせず、打ち明けてもらうのを待つようにしましょう。自分が当事者だった場合も、無理にカミングアウトする必要はありません。限られた人にだけ伝えてもいいし、カミングアウトをしないというのも一つの選択肢《せんたくし》です。自分の気持ちを優先して、ゆっくり考えてみてください。

――うん、わかった。

カミングアウトするかどうかは、本人の気持ちが最優先

気をつけてもらいたいのが「アウティング」です。

――アウティングってなに？

「アウティング」とは、本人の同意なく第三者にセクシュアリティを暴露《ばくろ》してしまうことです。たとえ悪気がなかったとしても、アウティングはプライバシーの侵害《しんがい》につながり、相手を深く傷つけたり、深刻な状況《じょうきょう》をもたらしたりする可能性があります。身近な話題だと、週刊誌で「◯◯さんはゲイだった！」などと報道されている記事を目にしたことはありませんか？

――ある！　それを読んだお母さんが「◯◯ってゲイらしいよ」とかうわさしてた。

そうした芸能ニュースも、一種のアウティングです。日本では性のありかたやプライバシーにかかわることを興味本位で聞く風潮《ふうちょう》があり、世間話のように軽く扱われているケースが多くあります。しかし、性自認や性的指向は非常にプライベートな話題。その人の性自認を「◯◯ちゃんだけに教えるんだけどね」と友だちに話したり、たとえ面識《めんしき》がなくても勝手に言いふらしたりするのはプライバシーの侵害にあたります。２０２０年、東京高等裁判所は、アウティングが「人格権ないしプライバシー権などを著しく侵害するものであって、許されない行為《こうい》」だとし、同年6月に施行されたパワハラ防止法では、アウティングもパワーハラスメントに含《ふく》まれることになりました。

――これまで、友だちとなんにも気にせずに話してたかも。

アウティングによって、その人自身が差別や偏見を受けてしまうかもしれないと想像するとつらいですよね。実際に、職場や学校でアウティングをされて、いじめを受けたり、学校を退学したりする事例も多くあるんです。友だちだと思って信頼して打ち明けたら、勝手に言いふらされてしまい、そのショックから精神的な不調をきたして命にかかわるケースもありました。

――そうなんだ……。

実際にあった出来事を紹介します。２０１５年、一橋《ひとつばし》大学法科大学院に通っていた学生が、ゲイであることを友人にアウティングされて、校舎から転落死した事件がありました。

一橋大学アウティング事件

２０１５年８月、当時大学院に在籍していた男子学生Ａが、同性の友人Ｂに恋愛感情を抱いていることを伝えました。後日、ふたりが参加していたＬＩＮＥグループでＡがゲイであることをＢが暴露。親しい友人たちに一気に広まってしまいました。家族にもカミングアウトしていなかったＡは体調が悪化。大学側にも相談をしたが適切な対応をしてもらえず、休み続けていたＡは転落死しました。

カミングアウトは、自分らしくいたい、自分のセクシュアリティを偽《いつわ》りたくないといったさまざまな思いからおこなわれるものですが、多くの場合、非常に勇気がいることです。昔から仲が良かったり、強固なつながりがあったりするコミュニティであるほど、関係性が変わってしまう可能性に悩むと思います。自分の居場所がなくなってしまうかもしれない、という怖さもあるでしょう。本件にかかわった友人ＢとＡの家族は和解しているそうですが、それだけ性のありかたを聞いたり、伝えたりすることは注意しなければいけないということです。

――そっかあ……。傷つけるつもりはなくても、「〇〇ってアセクシュアルなの？」と聞いてしまうところだった。

興味本位で聞いたことが、相手を傷つけてしまう可能性はおおいにあります。誰かを傷つけてしまうことに自覚的でありたいですし、セクシュアリティのことは、根掘り葉掘り聞かないように気をつけましょう。

⑤ どこからが好き？　どこまでが友だち？

——自分の恋愛についてあらためて考えてみると、なんだか「ほんとうに人を好きになったことがあるのか」わからなくなってきた……。

私は恋愛にまつわる調査をするときに、最初に「あなたは恋愛をしていますか？」と聞くんです。そうすると、恋人がいる人でも「私は『ほんとうの恋愛』をしているのかな？」と疑問に思う人もいるようです。

——お互いに好きなら、「ほんとうの恋愛」じゃないの？

うーん、単に付き合っているだけでは確信をもてないみたいですね。対照的に、そのとき付き合っている人と「結婚できる／結婚したい」と思っている人は、自信をもって「恋愛しています！」と答えてくれました。それはきっと、結婚を想像できる相手と恋愛することが「ほんとうの恋愛」、「真実の愛」だと、その人が認識しているからかもしれません。

——えー、まだ中学生だし、結婚なんてぜんぜん考えられないよ！

そうですよね。恋愛＝結婚ではないので、そういう感覚でもかまわないと思いますよ。実際に、恋愛と結婚は別のもの、と考えている自由な恋愛観もあります。一方で、結婚したいと思えるほど大好きな人かどうかを重視する、結婚＝幸せという考えかたも、まだまだ根強くあると感じます。

——どこからが「好き」でどこまでが友だちかって、決めるのが難しいね。

「これ以上だと『好き』で確定です」と、線引きをするのは難しいですよね。恋愛感情があっても、カップル間でも「好き」の度合いが違うことはよくあります。「相手の気持ちが重い」と感じたり、「ほんとうに私のこと好き？」と不安に思ったりするというのは、よく聞きますね。先ほど話したように、恋愛は個人的なものなので、人によって考えが異なります。すぐに人を好きになってしまう恋愛感情の強いタイプの人もいれば、ほとんど恋愛感情を感じない人、まったく感じない人、時と場合によって好きの度合いが変わる人もいるかもしれません。

――私も「好き」って気持ちがわからなくなるときがあるなあ。前は、カッコいいなと思ったらすぐ好きになっていたけれど、いまはドキドキしても一瞬で終わって、好きな気持ちが長く続かないんだ。ダサいところを見るとすぐ冷めちゃって……。

私が教えている大学で、恋愛に関心があって授業を受けに来る学生は「恋愛経験がないから知りたい」というタイプが多いです。「好きという気持ちがわからないから知りたい」という学生もたくさんいるので、「好きってどんな気持ちなの？」と考えている人は、案外多いと思います。

――そうなんだ。もし付き合っている相手から「ほんとうに好き？」なんて聞かれたら、どうやって答えていいかわからないかも。自分の気持ちをたしかめる方法はない

んでしょ？

そうですね。自分の中のものさしで測るしかないと思います。ただ、カップル間でも「好き」の度合いをすり合わせるのは難しくて、食い違いから別れるケースもあると聞きます。いろいろな親密《しんみつ》さのかたちがあるので、「どこからが「好き」なのか」決めることは難しいですし、無理に決めなくてもいいと思います。ただ、告白などでお互いに好きかどうか言葉でたしかめ合わないと、悩んでしまう人もいるかもしれません。

――ＬＩＮＥの返信に悩んだり、いつも相手のことを考えてしまったりしたら「好き」ってことなのかな？

恋愛における「好き」という気持ちの一例ではありますが、相手のことが気になって仕方がない、相手ともっと一緒にいたいという気持ちが「好き」ではないかと定義されています。「ドキドキ」、「キュンキュン」といった言葉で表現される、高揚感《こうようかん》のようなものですね。あとは、もっと相手と話したりふたりきりでお出かけしたりしたい、相手にとって自分が特別な存在でありたいという「独占欲《どくせんよく》」みたいな気持ちも、恋愛感情の一種とされています。相手に触れたい、という性的な関心もそうですね。

――私はひとりで過ごすのも好きだから、いつも相手と一緒にいたいとは思わないな。LINEの返信もめんどくさがっちゃいそう。告白されるのはあこがれるけれど、自分から好きになるのは難しいなーって思う。

「好き」という感情はひとりひとり違っていて、グラデーションがあります。「「好き」がわからない」という感情もあって当然ですし、中学生だと出会いが少ないだけの可能性もあります。勉強や部活で忙《いそが》しくて、恋愛の優先順位が低いのかもしれませんしね。

――でも、友だちの楽しそうな恋バナを聞いていると「うらやましいな」と思うこともあるんだよね。

「好き」という感情はグラデーションがある

恋愛は相手あってのものなので、なかなか自分の思い通りにはいきませんよね。あまり「自分の恋愛とは○○だ」と決めつけず、わからなかったり悩んだりしながら、時間をかけて自分の気持ちを探るのも必要だと思います。

――わからないまま、自分の気持ちを探る……。

はい。先ほども話したように恋愛感情はとても個人的なもので、数え切れないほどの親密さのかたちがあります。中学生のみなさんがこれから年齢《ねんれい》を重ねるにつれて、恋愛に対する向き合い方や価値観の変化、もしかしたら性のありかたも変わるかもしれません。そうした「揺らぎ」をなかったことにして、「女の子だから男の子を好きで当然」だとか、「恋愛をしてなきゃダメ」だとか、周りの価値観に合わせようとすると、とても苦しい時間を過ごすことになるかもしれません。

――そうだよね。ほんとうはそう思ってないのに、周りに合わせていたらつらいよね。

１９９０年代、いわゆる「バブル期」とよばれた好景気《こうけいき》のころは、男女がふたりでいれば恋愛関係になって当たり前という考えかたが、いまよりも強い時代でした。社会学者の上野千鶴子《うえのちづこ》さんは「恋愛病の時代」と称《しょう》していたほど、ほとんどの人が誰かと付き合ったり別れたりしていましたし、ドラマや映画でもそういった男女の姿が多く描《えが》かれました。

「恋愛感情がわかない」人がいるなんて想像もされなかったと思います。しかし、最近では恋愛のかたちも多様であることが以前よりも知られるようになってきました。自分の性のありかたや好きの基準は、自分で決めていい。そして、変わっていってもいいと、考えをアップデートしていきたいですね。

――そう考えると、昔ってすごく大変そうだね。男友だちも周りから勝手に恋愛対象と見られちゃうってことは、男女の友情なんてありえないってこと？

90年代は男女交際が自由化した時代でしたが、その以前は男女が一緒にいたらカップルだとみなされる傾向《けいこう》が強かったと聞きますね。そして、現代においては「異性でも友情が成立する」と考える人がほとんどだと思います。男女の友人関係でさえも、時代によってとらえかたは変化するということですね。みなさんは「草食系《そうしょくけい》男子」という言葉は、聞いたことがありますか？

――知ってる！　あんまり恋愛に積極的じゃない男の子のことでしょ。

はい、恋愛に対して消極的な態度の男の子のことを「草食系男子」と言います。2000年代後半くらいからこの言葉が流行しはじめ、「若者の恋愛離れ」という文脈で批判的に使われることも多くありました。かつての恋愛至上《しじょう》主義の時代にくらべると、いまは友情と恋愛がとても近い位置にあり、その境目があいまいになってきていると言われています。それゆえ、何をもって恋愛とみなせばいいのか、わからなくなっている人も多いのかなと思います。

——わかる！　仲のいい男友だちがいるんだけど、恋愛対象として好きなのか、友だちとして好きなのか、自分でもよくわかんないかも。友だちと恋人の境目って、どこにあるんだろう？

友情と恋愛の違いも、ひとりひとりとらえかたが違いますよね。友情からしか恋愛に発展しない人もいれば、友情と恋愛をはっきり分けて考えている人もいます。そして「友情より、恋愛のほうが上」なんてことでもありませんよね。なので、自分の中で「友だちってなんだろう？」、「好きってなんだろう？」と、気持ちを探ってみてください。

現代は友情と恋愛がとても近い

――また、気持ちを探るのかあ。恋愛っていっぱい考えなきゃいけないんだね。

そうですね、考えていくことで、自分らしい恋愛のありかたが見つかると思いますし、無理に恋愛関係にしばられなくてもいいと思いますよ。最近では「緩《ゆる》やかにつながる関係性」というのが多くなっていて、恋人関係ではなくても、友情と恋愛のあいだのような、あいまいな関係性もたくさん存在するんです。「○○フレ」という造語《ぞうご》があるのを、知っていますか？「フレ」は「フレンド」つまり友人をあらわしますが、たとえば、付き合ってはいないけれど性交渉《せいこうしょう》はする「セフレ（セックスフレンド）」、性交渉はしないけれど、同じベッドで添《そ》い寝《ね》をする「ソフレ（添い寝フレンド）」、お風呂《ふろ》に一緒に入る「オフレ（お風呂フレンド）」、キスだけをする「キスフレ」、ハグだけをする「ハグフレ」、学校の友だちに対して恋人のふりをしてもらうけれど実際には付き合っていない「カモフレ（カモフラージュフレンド）」など……。

――オフレにカモフレ⁉ なにそれ……付き合っているのとどう違いがあるのか、ぜんぜんわかんない。

特殊《とくしゅ》な関係ではありますが、お互いが納得しているなら、付き合ってはいないんだと思います。あくまでも本人どうしとしては「友だち」。

——ええー、キスフレとか付き合ってないの？

友だち関係でも、キスまではＯＫにしているみたいですね。

——そうなんだ……なんか大人な関係って感じ。

「○○フレ」が始まる動機《どうき》は人それぞれで、なんとなくそうした関係が始まる人も多いようですが、恋愛研究をされている高橋幸《たかはしゆき》さんのソフレに関する論文[*3]によると、ソフレと恋人への恋愛感情は異なるもので、ソフレには「安心感」や「落ち着き」を求めるようです。対して、恋人はドキドキやトキメキといった非日常的な感情をもつもの。恋人ほど強いつながりではなくても、心が癒《い》やされる存在を、多くの人が求めているのかもしれません。私が教えている学生の間ではこうした「○○フレ」はよく知られているようで、むしろ「先生、知らないの？」と言われたこともありました。

緩やかにつながる関係性としての「○○フレ」

――まあ、たしかに癒やしは欲しいけど、だんだん好きになっちゃったりしないのかな？

セフレ以外の関係性は、一線を越えてしまうと関係性そのものが壊《こわ》れてしまうようです。なので、もしあとから恋愛感情を抱いても、実りにくいのかもしれませんね。

6 「付き合う」ってなにをするんだろう？

――「○○フレ」のときは関係が続いていたのに、好きになったらうまくいかなくなるなんて悲しい結末だね。でも、ますます友だちと恋人の違いがわかんなくなってきた。

だからこそ、友情関係から恋愛関係になるには、「告白」というひとつの区切りが、より大切になっているんです。

――告白したら、イエスかノーか、関係がはっきりするもんね。でも、もし友だちどうしでもキスしたりハグしたりするなら、付き合わなくてもよくない？ 付き合うって、いったいなにをするんだろう？

一般的に、付き合うとは「相手と特別な関係を結ぶこと」だと言われています。時間やお金、自分自身の生活を特定のたったひとりに手渡すという「特別扱い」をお互いにして、多くの場合、友だちとはまた違う対応になるでしょう。はっきり言葉にしなくても、付き合ったら手をつないだり、キスをしたりしてもいい、というイメージはありませんか？

――うん、恋人どうしならそういう関係になるのかなって思ってた。それが「特別」ってことじゃないの？

お互いに触れ合える関係になることがうれしい人も、もちろんいると思います。ただ、付き合う＝相手に触れていいわけではありません。両思いだったとしても、急にキスしたり手をつないだりしたら、相手はびっくりしてしまうかもしれませんよね。

――恋人どうしならいいんじゃないの？

いいえ、そんなことはないですよ！　先ほども話したように恋愛に「当たり前」はありません。恋愛はとても個人的なものなので、人それぞれに「してもいいこと」と「されたら嫌なこと」がある。好きどうしで付き合ったとしても、手をつないだりキスをしたり性交渉をしたり、触れ合うことは相手の気持ちを確認してからです。もしかしたら、そのときの気分によっては、相手は嫌かもしれないですからね。

——そっかあ……でも、断られたら「嫌われているのかな？」って思っちゃいそう。

「嫌われた」とすぐに判断して落ち込むのではなくて、相手の話をきちんと聞けるといいですよね。付き合ううえで大事なのは「お互いを想い合う」ことです。たくさん話をして、相手を尊重《そんちょう》する関係性が付き合ううえで大切なのではないかなと思います。

——相手を尊重する関係性。私にできるかなあ？

相手の気持ちを知ろうとすることは、互いに尊重しあう第一歩だと思います。そしてみなさんも、相手に「自分がどうしたいのか」をきちんと伝えられるといいですね。

——「手をつなぐのは、もうちょっと待ってほしい」とか？

はい。そういう気持ちをもつことは、決しておかしなことではありません。自分の気持

「付き合う＝相手に触れていい」わけではない

ちに素直になって、相手に伝えることはとても大切なこと。そして言われたほうも、相手の気持ちを聞いたり、自分の気持ちも伝えたりして、時間がかかってもコミュニケーションがとれるといいなと思います。大変なことではありますが、誰かと特別な関係になる楽しさはそこにあると思いますよ。

7 「推《お》し」にドキドキする。これは恋？

――私はアイドルにハマっていて、いつも「推し」にドキドキ、キュンキュンしてるんだけど、もしかしてこれって恋なのかな？

その感情だけで恋と断定するには難しいですが、恋の可能性もありますね。

――ええ～！　どうしよう、それってやばいよね。

どうして「やばい」と感じるんですか？

――だって、アイドルと恋愛するなんて無理じゃん。私はリアルな人間には恋できないのかな……。

ドキドキしたり、キュンキュンしたり、「好き」になる対象はいろいろあります。アイドルや芸能人など手の届かない存在もあれば、マンガやアニメなど二次元のキャラクター、モノに惹かれる人もいると思います。先ほど「推し」という言葉を使っていましたよね？

――うん、私の推しはアイドルだよ。

「推し」とは、好きな俳優やアイドル、スポーツ選手、作家など、その人がつくりだすものや活動を応援《おうえん》する意味で使われることが多い言葉ですね。彼らの活動にドキドキ、キュンキュンと惹かれ、夢中になって、応援するようになる。この「応援する」という気持ちが、推しへの「好き」という気持ちに近い表現かもしれませんね。友情や恋愛という気持ちだけではくくれない、もっと特別な感情なんだと思います。

――たしかに、推しの活動をもっと見たい、がんばってほしい、とは思うけれど「付き合いたい」とは思わないかな。でも私のオタク友だちは、わりと「ガチ恋」なんだよね。

アイドルに本気で恋をしているかたがいるんですね。ただ私の考えでは、「恋」と「恋愛」はニュアンスが少し違います。恋は一方的に好意を寄せるもので、それ以上を求めません。しかし、恋愛は相手との関係性を深めたいという気持ちがあり、お互いにコミュニケーションをとりながら「関係性をつくっていく」ものです。なので、直接コミュニケーションすることができない相手と「恋愛をする」というのは、成り立ちにくいのではと思います。

――でも、「○○は私の恋人！」って疑似《ぎじ》恋愛している友だちもたくさんいるよ？

もちろん、恋愛感情を抱くこと自体は、個人の自由です。ただ「疑似」という部分を忘れてはいけませんよね。個人で楽しんだり、ドキドキしたりするのはいいけれど、あくまでも一対一の恋愛とは違う関係性です。どれだけがんばっても、個人的なやりとりが発生することはほとんどないので、恋愛関係まで発展することは難しいですよね。残念ですが……。

――私もガチ恋してる友だちに、同じことを思ってるかも。推しがいつもと違うアク

セサリーをつけているだけで「誰かからのプレゼントじゃないか」って怒《おこ》ったり戸惑ったりしているから、大丈夫かなあって。

友だちがその人を大切に思う気持ちを否定せず、そっと見守るしかないと思いますが、ひとつだけ気をつけてほしいことがあります。当然ですが、どんな有名人も、ひとりの人間です。SNSやリアルイベントの普及《ふきゅう》によって、ファンとの距離《きょり》が近くなったとはいえ、「直接コミュニケーションをとりたい!」、「私だけの推しであってほしい」といった独占欲から、行き過ぎた行為をとるかたがいます。そうして当人を苦しめている事例をよく聞きますね。

――アイドルのおうちをつきとめて待ちぶせをしたり、ストーカーみたいなことをしている人がいるって聞いたことがある。

そういう話を聞くと悲しいですよね……。もちろん、ファンから好意を寄せてもらうことは、その人が活動するうえでエネルギーになっていると思います。しかし、当人のプライバシーや人格を脅《おびや》かすような行為は「人権《じんけん》侵害」にあたるのではないでしょうか。

「推し」への行き過ぎた行為は人権侵害にあたることも

――人権侵害。相手を傷つけているってことだよね。

たとえばＳＮＳでは危うい状況がたくさん起こっていますよね。ＳＮＳに好き勝手に書いた誹謗中傷《ひぼうちゅうしょう》を、相手が目にしたらどうでしょうか。

――傷つくよね……。「自分ってこう思われているんだな」ってショックを受けそう。

そうですね。「届かないだろう」と思っていても、どこで相手に伝わるかわかりません。「推しも自分と同じ、ひとりの人間だ」と認識して尊重すること。相手の人権を守るためにも、適切な距離感を保って、リアルなお友だちとの付き合いと同じように相手を傷つけるような行為はしないことが大切です。

――実在しないキャラクターに恋をするのもいいのかな？　友だちで二次元のアニメキャラクターに夢中になっている子がいるんだけど。

おなじく、恋愛感情をもつのは個人の自由なので、決して否定されることではありません。むしろ、当人が「これは恋だ」と思っているのに、他者が「そんなの恋じゃないよ」と否定するのは非常に暴力的だと思います。

――友だちの気持ちを否定するってことだもんね。

そうですね。なにを、誰を好きになるかは、その人自身が決めること。好きになるのもやめるのも、すべて当人次第です。

――周りが勝手に「それはおかしいよ！」なんて決めつけるのはよくないね。

最近では、アニメやマンガなど二次元の登場人物を愛するセクシュアリティを「フィクトロマンティック」、性的な魅力を感じる人を「フィクトセクシュアル」と呼びます。ある民間機関では、好きなキャラクターとの結婚証明書を発行できるサービスもあるそうです。利用する人たちは、キャラクターに人格を見いだして愛を注ぐ一方で、架空《かくう》の存在であることも理解している。そのうえで、関係性をたしかなものにしたいという思いからサービスに申し込むのだそうです。発行される証明書は公的な効力をもつものではありませんが、２０２０年から２０２３年３月時点で、約２００組以上の証明書が発行されていると報道されていました。[*4]

――そんなにいるんだ！

「誰かを好きになって当然だ」という考えがアロマンティック、アセクシュアルの人たちを苦しめてきたように、「当然リアルな人間を好きになる」、「キャラクターとの恋愛はありえない」という考えも、誰かを傷つけるかもしれません。愛する気持ちは多様なように、対人間だけでなく二次元のキャラクターやモノに、愛情が向く人もいてもいいと思います。

8 ひとめぼれって、相手の外見を好きなだけ？

——いろんな恋愛があるんだなあ。でも、アイドルを見ていると完璧でカッコよくて、同級生が幼く見えちゃう。だから、ぜんぜんクラスの子に興味がもてなくて……。友だちには「現実を見なよ！」とか「顔ばっかりで選んでたらダメだよ」とか言われる。顔だけが大事なわけじゃないけど……。

「人は外見じゃなくて中身が大事」ってよく言われますしね。

——だけど正直、顔も大事じゃない？　それって失礼なことなのかな？

そんなことないですよ。誰かを好きになる条件は人それぞれですから、見た目を重視する人もいるでしょう。恋愛に関する調査ではないですが、国立社会保障・人口問題研究所の発表した調査結果[*5]によると、結婚相手に求める条件として重視することに「容姿」を挙げる女性が近年増えているという結果が出ました。

――おお〜。一番多い条件はなに？

男女ともに「人柄《ひとがら》」です。しかし、そのほかの項目では男女差があり、女性が男性に求める条件としては、次に「家事・育児の能力や姿勢」、「仕事への理解と協力」と続きます。そのほか、「経済力」と「職業」も１９９２年におこなわれた第10回調査から依然《いぜん》として高い割合を保っています。しかし１９９２年の調査とくらべて、２０２１年は「容姿」と答えた人の割合が67・6％から81・3％に増えています。

――えっ、15％近くも増えてる！

「経済力」や「職業」などの社会的地位を男性に求める女性の割合は依然として多いのですが、そこに「容姿」の重要度が急激に増していますよね。これは写真を気軽にシェア

結婚相手に求める条件に「容姿」を重要視する人が増えている

できるSNSの普及によって、社会的にニーズが高まってきたのかもしれません。また、働く女性が増え、ある程度の経済力をもつようになったことで、パートナーには社会的な地位に加えて外見を求める傾向が強まっているのではと予測されます。

――このまえ電車の中で「すごくカッコいい！」って思う人に会ったんだけど、声をかける勇気がなくて。「これって恋なのかな？」と思ったんだけど、友だちに相談したら「そんなの勘違いだよ」って言われて。でも、「ひとめぼれ」って実際にあるよね？

見た目で恋に落ちる人はいますし、ひとめぼれから始まる恋愛もあります。最初は見た目を好きになって、そこから内面を知って恋に落ちるパターンもありますよね。かならずしも「勘違い」とはいえないと思います。

――でも、先生も「人は外見じゃなくて中身だ」って思う？

そうですね……たしかに、恋愛関係はコミュニケーションが大切なので、どうしても内面の相性《あいしょう》が大事になってきます。ですが、「見た目は内面のいちばん外側」という言葉があるように、外見と中身、どちらかが大事なのではなく、どちらもつながっているのではないでしょうか。見た目にも性格やその人の好みなどがある程度あらわれると思いますし、外見も相手を好きになるひとつの要素です。

――うん、そうだね。

ただ、外見だけで相手のすべてを判断したり、自分の理想を押しつけたりするのは望ましくありません。外見は、自分の力ではどうしようもない部分がたくさんありますよね。肌《はだ》の色や髪質《かみしつ》、骨格《こっかく》など、遺伝によって左右される部分も大きいです。「ルッキズム」という言葉は知っていますか？

――ルッキズム？

「ルッキズム」とは、人を外見で評価したり差別したりする思想のことです。外見がその人のいちばん重要な価値であるという意味で「外見至上主義」とも言われます。たとえば女の子でふくよかだとバカにされたり、男の子で背が低いといじめられたり、みんなが思う「美人」や「イケメン」とよばれる基準と違うと、ひどい対応をされることがありますよね。

——そういう空気はクラスにあるかも……。

一方で「美人」や「イケメン」と言われる側も、そうしたカテゴライズによって能力や内面を軽視されたり、周りにうとまれたりと、苦しい経験をしているケースもあります。「こんな体型じゃ好きな人に嫌われる」と危険なダイエットをしたり、「ロングヘアの子が好きだから恋人には髪を切らせない」と強制したりするなど、行き過ぎたルッキズムは、精神的にも身体的にも人を追いつめてしまいます。容姿から人を好きになることはかまいませんが、どんな外見でいたいか、どんな外見になりたいのかはその人の自由。相手の「こういう自分でいたい」「こんなふうになりたい」という気持ちを尊重して、そのうえで関係性を築いていけたらいいですよね。

第2章

恋愛にはルールがあるの？

① 「告白」って、必要？

——私はしたことがないんだけど、告白って、すごく勇気がいることだよね。友だちが「告白する！」って決心している姿をみると、すごいなあって思う。

相手の気持ちをたしかめることになりますから、とても緊張《きんちょう》しますよね。断られたら、関係が変わってしまうかもしれないですし。

——うん。フラれちゃって、友だちのころのように話せなくなったら嫌だし……。でも、告白をしないと付き合えないんでしょ？

付き合うには、告白がマストというわけではありません。実は「告白」を大事にするの

告白は日本特有の文化？

は、日本特有の文化なんだそうです。フランスやアメリカなど欧米圏《おうべいけん》では告白をしないことがほとんどで、はっきりと告白をしなくても自然と恋人関係が始まるケースが多いと聞いたことがあります。デートを重ねるうちにお互いの雰囲気《ふんいき》で理解したり、性行動が先にあったり、そうした恋愛のはじまりもあるようです。

――ええ〜、想像できないなあ。私は付き合っていると思っていたのに、相手は思っていなかった、なんて勘違いが起こりそうじゃない？

ありえますよね。どうやってお互いを恋人関係だと認識するのか、アメリカやフランスの人たちに聞いてまわって、実態を調査したいくらいです。

――私も聞いてみたい！

日本で告白を大事にする文化があるのは、規範、つまり恋愛における「暗黙のルール」のようなものがあるからだと思います。告白してＯＫしてもらったら恋人になれる、恋人になったら手をつないだり、休みの日に会えたりする、といった共通のルールがなんとなくありますよね。

――たしかにそうかも。付き合ったら、いっぱい連絡をとりあって、毎日一緒に帰るとかね。

そして、恋愛において相手と親密な関係になっていくには、ステップ、つまり「恋愛の順序」があると言われています。相手に好意を抱いて付き合いたいと思ったら、告白をして、恋人になって、デートをして、キスをしたり手をつないだり触れ合いができるようになって、性交をする。私が調査をしていた中で感じたのは、日本人はそうした恋愛の順序をきちんと守って、その通りに恋愛を進めていきたいと考えている人が多いということです。なので、「告白」は恋人関係になりたいのなら、絶対に通らなければならない儀式《ぎしき》だと考えられているのではないでしょうか。

――うん。付き合いたいと思ったら、まずは告白ってイメージがあるもん。

そうですよね。異性愛にかぎった話をすると、みなさんの祖父母世代は異性どうしの友情関係がいまとくらべて少なかったので、男の子と女の子が毎日一緒にいると、告白をしなくても自然と互いを特別な関係だと感じ、周りからも「付き合っているのかな」と言われることがあったと言います。ですが、男女共学が増え、異性どうしの交流が盛んになってきたことで、男女ふたりでいても特別なものではなくなってきています。

――趣味《しゅみ》が合う男の子の友だちと、ときどき一緒に帰るよ。

だからこそ、友情と恋愛を区別するために「告白」をすることが、より重要な意味をもつようになってきました。私がおこなった調査では、友だち関係から恋人になる人が増えているようです。なので「友人モードから恋人モードへの切《き》り替《か》え」のために、「告白」をすることがマストだと考えているようでした。もちろん、告白なしでスタートするパターンもあり得ますが、その場合も交際段階で「私たちの関係って?」と関係を確認する会話がおこなわれるようです。

面白いなと感じたのが、「この人は付き合えるはず」と、ある程度確信している状態で告白をする人がほとんどだったことです。つまり、「当たって砕《くだ》けろ!」みたいな告白は、実はあまりないんですね。

――絶対私のこと好きじゃん、みたいなこと？

脈アリだとか、「◯◯が好きだって聞いたよ」みたいなうわさ話から、少しずつ確信を深めていくんでしょうね。いまの若い世代にとって、恋愛において「空気を読む能力」がとても重要視されているように感じました。付き合う前から、メールや電話といったやりとりを重ねて、話しかけて相手の反応をみて、付き合う意志がありそうかを確認する。LINEで会話が途切《とぎ》れて、スタンプだけ送られてくるようになったら脈がない、という判断をしている人もいました。

――えっ、スタンプだけって脈なしなんだ……？ 空気読むの、めちゃくちゃ難しそう。

私も、難しそうだなあと思いました（笑）。

――友だちとの会話で、「好きな人がいる」って話になると、かならず「告白しなよ

ー」って周りが盛り上げるんだよね。でも、私は付き合っても何をするのかイマイチわからないし、いまもじゅうぶん楽しいから「付き合わないとダメなのかな？」って思う。好きな人ができたら、告白しなきゃいけないのかな？

告白しなきゃいけない、なんてことはないですよ。恋愛に限らず、何事も、自分の気持ちがいちばん大切です。みなさんは、恋人と友だち関係の大きな違いはなんだと思いますか？

――えー、なんだろう。恋人は手をつないだり、友だちよりもいっぱい連絡とったりするとかかな？

もちろん、これも人によって考え方はさまざまですが、一般的によく言われるのは、恋人どうしになったら、キスや手をつなぐなど親密な触れ合いをするようになる、ということです。必ずしも付き合ったら触れ合えるようになるわけではありませんが、こうした行為を求めて恋人になることを望む人もいるでしょう。あとはデートをしたり毎日一緒に登下校したり、ほかの人と異なる特別な関係を望むのなら、告白は関係をはっきりさせるためにいい方法の一つだと思います。でも、ときどき一緒に帰れるだけでも楽しくて、いまの関係に満足しているのなら、無理に告白をする必要はないのかなと思います。もう一度言いますが、みなさんの気持ちがいちばん大切です。ちなみに、友情と恋愛に関していうと、自分が他者に抱く好意が恋愛感情か友情か判断できない／しない、「クワロマンティック」というセクシュアリティもあります。相手に好意を感じているけれど、それが恋愛感情なのか友情なのか区別がつかない（区別したくない）、恋人になりたいのか親しい友人になりたいのかわからない（決めたくない）というものです。

——へえ！　なんとなく、友情か恋愛か、はっきりしなきゃいけないのかなって思ってた。でも、そうしたくないって人もいるんだね。つまり……相手との関係をどうしたいのかは、私が納得していれば、それでいいってこと？

そうですね！　付き合いたいかどうかは本人が決めること。恋人どうし＝しあわせ、というイメージをもたれがちですが、一対一の恋愛関係になることに負担を感じて、付き合うのがめんどうだと感じる人もいます。付き合うというのは、特別な楽しさもありますが、一方で相手とたくさん話し合ったり考えたりしなきゃいけないですからね。恋人どうしにならなくてもいまの関係に満足していて、付き合ったら関係が壊れてしまうのが怖い、という気持ちもよくわかります。

――そうなんだよね……。大事な友だちがひとり減っちゃうかもって考えちゃう。

あと、ひとりの時間が好きだったり、友だちとわいわいする時間が楽しかったりして、恋人はいなくても満足している人もいますよね。

――その気持ち、すっごくわかる！　私は友だちとの時間もひとりの時間も好きだから、付き合って恋人に自分の時間を奪《うば》われちゃうのが嫌だ。いつでも相手に合わせて行動しなきゃいけないのかな、連絡もすぐに返さなきゃいけないのかなと思うと、私も「ちょっとめんどくさい派」なのかも。

恋人と友だちの中間のような「〇〇フレ」が増えているのも、それぞれにとって心地よい関係性を考えた結果かもしれませんね。ただ、時間が経つにつれて、たとえば嫉妬《しっと》のような気持ちを抱いたり、相手への想いが変わって「付き合いたい」と思うようになったりするかもしれないので、必ずしも「この人は友だち」「この人は恋人」と、ひとつの関係にずっとしばられなくてもいいと思いますよ。

――気がついたら友だちを好きになってたってこと？

友だちどうしの関係性も、変わっていきますからね。そのときどきで、自分が好きな人と「どういう関係になりたいのか」を考えて、自分で納得した答えを出せるといいですね。

――どういう関係になりたいか……。前に、友だちが告白をしたら、相手から「付き合うってなにをするの？」って聞かれたんだって。

なるほど。面白い質問ですね。それを聞かれた人は、なんと答えたのでしょう？

――「たしかに……」って、そこからなにも言えなかったって。それを聞いて、私もわからなかった。だから先生に聞きたかったの。付き合ったら、具体的になにするの？

1章でもふれましたが、多くの人は「親密な触れ合いができるようになること」を想像していると思います。親密な触れ合いというのは、手をつないだりキスをしたり、触れ合いができる間柄《あいだがら》になるということ。ですが、付き合ってなにをするのかは、カップルそれぞれで話し合って決めることなので、いちがいには言えません。人によっては「一緒にいたいけれど、触れ合いは嫌だ」という人もいます。

——付き合いたいのに、触れ合うのは嫌な人もいるんだね？

めずらしく感じるかもしれませんが、おかしい感情ではまったくないですよ。もともと人と触れ合うことに関心がない人、苦手な人もいます。あるいは、過去に何かつらい経験をしたことによって、人との触れ合いに拒否感《きょひかん》を感じる人もいます。人によって心地よい親密さの度合いは違うので、付き合っているからといって、いつでも身体の触れ合いがOKになるわけではないと理解しておいてくださいね。のちほど「性的同意」というお話の中でくわしく説明しますが、相手の身体、とくに口や胸、お尻、性器などに、同意なく触れることは、恋人に限らず、どんな人間関係にも許されません。

――付き合っているんだから、そういうことをするのが当たり前だと思ってた。

そう考えている人も多いと思いますが、実は違うんです。付き合っていても、相手の身体は相手のもの。そして、相手に「好きだよ」という気持ちを伝える方法は、身体の触れ合いや性行為以外にも、いろいろあります。じっくり話をして、ゆっくりふたりで過ごす時間も、とても愛《いと》おしく感じませんか？　長い時間電話をしたり、休日にどこかへ出かけたり、そういう親密な過ごし方も愛情を感じられて、付き合うことの醍醐味《だいごみ》だと感じます。

――でもさ、マンガやドラマだと順序なんてすっ飛ばして、とつぜんキスするシーンがけっこうあるよ。ドキドキするシーンなんだけどな。

でも、実際の人間関係で想像してみてください。とつぜんクラスメイトにキスをされたり、手をつながれたりしたらびっくりしませんか？　お互い好意をもっているとわかっていたら、もしかしたら少しはときめくこともあるかもしれませんが、好きでもない相手にキスされたら、ショックを受けないでしょうか。

――そうかも……。

マンガでは「胸キュン」なシーンとして描かれますが、同意なくとつぜん相手に触れることは、非常に怖い状況だと思います。

――それでいうと「壁《かべ》ドン」とかも怖いかも。なにされるかわかんないし。

とくに男女の場合は体格や力の差があることも多いので、本人はそんなつもりがなくても「逃《に》げられない！」と相手を怖がらせてしまうかもしれません。ここでみなさんに思い出してほしいのが、恋愛とは「コミュニケーション」という話です。相手の気持ちを尊重して、そのつどお互いに考えていることを確認しながら、関係を深めていく。そういう意味で、「恋愛の順序」というのは、相手と気持ちをそろえて歩んでいくための、ひとつの道すじになるかもしれません。

――相手と気持ちをそろえるかあ……。まだうまく想像できてないかも。

なかなか言葉だけで理解するのは難しいと思います。友だちどうしでもかまわないので、まずは自分から「私はこういうことに興味があるんだけど、あなたはどう?」と話をしたり、相手の話にじっくり耳をかたむけることを普段から意識してみるといいかもしれませんね。「もっと勢いとノリでいきたい!」という人もいるかもしれませんが、相手の思いをたしかめないと、自分だけの一方的な言動になりかねません。身体の触れ合いはもちろんですが、どのくらいのペースで連絡をとりたいか、ふたりきりで会いたいのかといったことも、人それぞれ違うはずです。相手のしたいこと、してほしくないことを確認しながら、相手と一緒に恋愛をするという気持ちでお付き合いしてみるのはどうでしょうか。

お互いのしたいこと、したくないことを確認しよう

②　付き合ったら、男の子がリードしなきゃいけないの？

——「一緒に恋愛をする」っていいね。そんなふうになんでも話せる人と、いつか私も出会えるのかなあ。

そうですよね。でも、人と人との関係、とくに恋愛は、受け身なだけではなかなか発展していかないものです。相手との関係を変えたい、進展させたいと望むなら、正直な気持ちを話したり、アプローチしたり、自分から行動することも大切ですよ！

——うう～、先生きびしい！

昔よりも連絡を頻繁《ひんぱん》にとれるようになったことで、恋人どうしの付き合いかたも変わってきています。みなさんのお母さんやお父さんくらいの世代が10代だったころは、まだ携《けい》帯電話《たいでんわ》もスマートフォンも普及していませんから、相手に手紙を送ったり、実家に電話をかけて家族に取り次いでもらったりしないと連絡ができませんでした。いまは相手とスマートフォンなどで常に連絡をとれますし、SNSで自分たちの関係を公《おおやけ》にする人も多いですね。そうしたやりとりが楽しい人もいれば、めんどくさい、わずらわしいと、付き合うこと自体が嫌だという人も出てきていると感じます。興味がない人は無理に付き合うことを選択しなくて大丈夫ですが、付き合ってみたいと思っている人は、恋愛において「コミュニケーション」は醍醐味のひとつなので、積極的に楽しんでもらいたいです。

——自分からどんどんいくなんて、できるかなあ。

それは、もともとシャイな性格で自分から積極的になれない、ということですか?

——シャイなわけではないんだけれど……好きな人に対して、自分から積極的にアプローチするのは緊張するなって思って。

どんなリアクションが返ってくるか、身構《みがま》えてしまいますよね。

——ほんとうは計画を立てるのが好きだから、一緒にデートプランとか考えたいし、遊ぶ場所も決めたい。上から目線でこられるとイライラしちゃいそうだから、ぐいぐい引っ張ってくれるより、私の意見も聞いてくれる人のほうがいい！　でも、男女のカップルだったら彼氏がリードするほうがいいのかな？　積極的な女の子って、男子は嫌じゃない？

そんなことないですよ！　どんな性格が好みかは人それぞれですし、「男性が女性をリードすべき」なんてことはなく、得意なほうがやればいいと思います。でも、そういうイメージが強いですよね。

——うん、付き合ったら男の子がリードしてくれるイメージがある。それで、女の子は男の子についていくイメージ。

「男らしさ」、「女らしさ」という言葉がありますよね。人間は個性豊かで、人それぞれ違うと語られるようになってきても、生まれたときの性別によって、「男だからこうあるべき」、「女だからこうあるべき」という「らしさ」の枠組みに当てはめられてしまう。たとえば、男の子だから元気で活発、女の子だからおしとやかで気配りができる、といったステレオタイプ（固定観念や思いこみ）によって、着るものも男の子はズボンで女の子はスカート、色は男の子が青や緑で、女の子がピンクや黄色というような価値観を押し付けられたり……。最近では制服でもスカートかパンツ、どちらか好きなほうを選べるようになっている学校もありますが、それでも「らしさ」のイメージは社会に根強く存在しています。

――なんとなくわかる。告白するのも男の子からってイメージがあるし、女の子は付き合ったら、クッキーとかお弁当を作ってあげて、献身《けんしん》的に尽《つ》くすとかね。私、料理が苦手だから、ほんとそういうのは無理。

そういう人も当然いるのに、「女の子は料理が作れて当たり前」みたいな感じがありますよね。そういった、社会から押し付けられてしまう男らしさ、女らしさを「性規範《せいきはん》」またはジェンダーロール」と呼ぶのですが、とくに恋愛においては、ジェンダーロールの

「男らしさ」「女らしさ」のイメージは社会に根強く存在している

意識が強いと感じます。決められた性別における役割を、それぞれが演じているんです。

――役割を演じるって、どういうこと？

たとえば「告白」までの過程だけでも、さまざまな性規範があります。先ほどの「告白は男の子から」というイメージもそうですね。私が調査をしている中で知ったのは、女性の場合、男性に告白を「させる」人が多いんです。そのために、こまめに連絡をとったり、デートのきっかけをつくったり、好きという気持ちを「匂《にお》わせる」アプローチをすることで、相手から告白をするように仕向けるそうです。

――そんなに好きなら、自分から「好きです」って告白したらいいのに。

告白をしてもらうことは、男の子の顔を立てる意味があるのと同時に、「男の子に引っ張ってもらいたい」という気持ちのあらわれなのかもしれません。男の子も「男から告白しなきゃ」と責任を感じている人もいると思います。

——男の子を立てるってなんで？　男の子のほうが恋愛ではえらいってこと？

もちろん、そんなことはないんですけどね。日本では明治以降、「家父長制《かふちょうせい》」といって、「家族の中でいちばんえらいのは父親だ」という制度を基本としていました。この価値観によって、一家の主《あるじ》（＝家長《かちょう》）は父親であり、財産も長男へと引《ひ》き継《つ》がれてゆき、いっぽう女性は男性に従うことを求められていたんですね。その影響で、男性は強くたくましく周りを引っ張っていく役割を求められ、女性は従順《じゅうじゅん》で相手をサポートする役割を求められるようになり、そうした役割意識が現代にも残ってしまっています。ただ、ずいぶんと時代は変わって、いまは多くの女性が社会で活躍《かつやく》していますし、共働きで生活している家族もぐっと増えています。

——そうだよね。うちの両親も共働きだし、どちらかというとお母さんのほうがリーダーシップがあるイメージだなあ。

男性ばかりがイニシアチブ（主導権）をとる必要はなく、みなさんの言う通り、女の子から告白していいし、男の子もプレッシャーに苦しめられなくていい。社会に求められる役割を演じなくていいと思います。

――私もそう思う！

しかし、データからは、ジェンダーによる非対称性《ひたいしょうせい》は依然として根強いことがわかります。青少年を対象にした調査によると、中学生までは女子の「告白」経験は、中学生男子の告白経験よりも活発であるといえます（中学生男子は31・9％に対して中学生女子は43・2％）。しかし、年齢が上昇するほどに男子は次第に「告白する」（男子大学生72・2％）が活発になり、女子のほうでは「告白する」（女子大学生59・6％）よりも「告白される」（同84・2％）の存在感が増していきます。*6

――年齢を重ねるにつれて女の子が告白しなくなるのはどうしてなんだろう。女の子から告白しても、ぜんぜんいいよね！「告白してくれたらうれしいな～」って気持ちはわかるけど、伝えたいなら自分からいけばいいかなって思う。

そうですね！ 年齢を重ねるにつれて、女の子から告白する割合が減っていくのは、性規範を強く意識してしまうようになるからかなと思いますが、規範にとらわれず、自分のしたいように行動できるといいなと思います。

――でも、付き合ってからも、男の子にリードしてほしいって思っている女の子は多いよね。クラスの子が「私の彼氏、ぜんぜんデートに誘《さそ》ってくれない」って愚痴《ぐち》ってたけど、女の子から誘っちゃいけないのかな？

女の子から誘っても、まったく問題ないと思いますよ。しかし、ここでまたデータをみると、キスや性行為などの性的触れ合いになると、男性がリードして引っ張っていってほしい、と期待している人は多いなと感じました。たとえば、キスのイニシアチブについて、「自分から」と回答した男子は高校生で29％、大学生で38・2％なのに対し、女子では高校生で2・1％、大学生で2・3％と、一貫してキスを要求するのは男子であり、女子は受け身であるということがわかります。また、初交時のイニシアチブについては、「自分から」と回答した男子は高校生で46・3％、大学生で42・1％であるのに対して、女子では高校生で0・7％、大学生で2・1％と、さらに男女差が顕著《けんちょ》にみられます。[*7] このように、性行為などの場面において「男性がイニシアチブをとるべきだ」という規範意識は、行為の段階が進むにつれてより一層強くあらわれるのです。

デートでは男の子が支払う、というのもジェンダーロールにしばられた考えかたですよね。たしかに、昔は男性と女性では働ける仕事内容が大きく異なっていて、経済的な格差《かくさ》もあったので、稼《かせ》ぎのある男性が支払うというのは理にかなっていたかもしれません。しかし、最近では女性の就業率《しゅうぎょうりつ》も高く、賃金《ちんぎん》格差はまだあるとはいえ、その差は狭《せば》まってきています。中学生の場合は法律上、アルバイトも原則として禁止されていますから、男の子がいつもデート代を負担するのはかなり苦しいはずです。

——よく考えたらそうだよね。「彼氏がおごってくれない」なんて文句を言っている子がいたけれど、お小遣《こづか》いの金額なんてあんまり変わらないはずだし。

相手のほうがお小遣いが少ないケースや、もしかするとお小遣いがまったくない、という家庭もあるでしょう。実は、いつもお金を払わせてしまい相手を精神的に苦しめている場合、それは「デートＤＶ」にあたります。

——えっ、ＤＶ……⁉

ＤＶとは、ドメスティック・バイオレンスのこと。夫婦や恋人どうしなど親密な関係性の中で起こる暴力を指しますが、交際相手からの暴力のことを「デートＤＶ」と呼びます。

――ＤＶって、殴《なぐ》ったり蹴《け》ったりすることなんじゃないの？

いえ、身体的な暴力だけでなく、言葉や行動によって精神的なダメージを与《あた》えたり、お金をいつも支払わせたり、借りたお金を返さないなど経済的な暴力もＤＶとみなされます。デートＤＶの例についてはのちほどくわしく説明しますが（１３７ページ）、「彼氏らしくふるまってほしい」と思うことで、気づかぬうちに相手を苦しめている可能性があります。ジェンダーロールというのは、日常のささいな場面にあふれています。たとえば恋人どうしで贈《おく》りあうプレゼントについても、「男らしさ」と「女らしさ」が植え付けられてしまっていることがあります。男の子はどれだけ高額なプレゼントをあげられるか、という「金額」が求められてしまっている一方で、女の子は「手づくり信仰《しんこう》」みたいな考えがありますよね。

ジェンダーロールは日常のささいな場面にあふれている

――わかる！　バレンタインチョコとかでしょ。私、つくるのが苦手だから、友だちどうしでも手づくりするのが嫌で。

女の子の場合は、高級なチョコレートを求められず、それよりも手間ひまをかけた手づくりの美味《おい》しいお菓子《かし》のほうがよろこばれる。男の子の場合は、いつもより奮発《ふんぱつ》した高級なレストランに連れて行くことで、女の子がよろこぶと思っていたり。しかし、お金で「男らしさ」を測る必要はありません。金額にかかわらず、自分を想って選んでくれたプレゼントなら私はうれしいですね。

――手づくりもしなくていい？

苦手なら無理しなくていいんじゃないでしょうか。相手が好きなチョコレートはなんだろうと考えてお店で買うのも、じゅうぶん思いが伝わるはずです。逆に、お菓子づくりが好きな男の子が、お返しに手づくりのケーキやクッキーをあげてもいいですよね。相手が「あげたい」と思ったものを選んでプレゼントしてくれることが、いちばんうれしいのではないでしょうか。

――私のことを考えて、いっしょうけんめい選んでくれたんだなって感じるものをもらうと、うれしいもんね。

デートに誘ったり、積極的に行動したりするのも「男性がリードすべき」というイメージがありますが、人によってはプレッシャーに感じると思います。そうした、自分の中の「男らしさ」から解放されて、対等な男女でありたいと願う人の登場を肯定的《こうていてき》にとらえる意味で、もともと「草食系男子」という言葉は生まれました。いまでは「受動的《じゅどうてき》で弱々しい男性」というイメージに変換《へんかん》されてしまっていますが、実は違うんです。

――対等な関係って、あこがれるなあ。私も、おごってもらうと相手に無理させてるんじゃないかなって負担に感じるし、デートもたくさんしたいから、割《わ》り勘《かん》がいい。予定を立てるのは得意だから、自分からたくさん提案したいな。

「男性がやるべき」、「女性がやるべき」とジェンダーロールにとらわれることなく、やりたいと思う人、得意な人がやればいいですよね。付き合いたてのころはとくに、「男だからリードしなきゃ」あるいは「男性にリードしてほしい」などとジェンダーロールを気にしてしまうかもしれません。ですが、付き合いながらお互いのやりたいことや思っていることを正直に話して、「男らしさ」、「女らしさ」から解放されて自分たちらしく付き合ってほしいなと思います。

――ほんとそうだよね……。どうしてみんな、ジェンダーロールにしばられちゃうんだろう？　性の役割は、どうやって植え付けられちゃうの？

みなさんが好きなマンガやドラマの影響は大きいと思います。昔の価値観から変わらない性規範や性役割が物語の中で描かれていて、無意識に刷り込まれてしまっているのかもしれません。「男らしい」「女らしい」とされるファッションや髪型などを楽しむことはもちろん自由ですし、「男らしい」人に惹かれる、あるいは「女らしい」人がタイプ、と思うこともあるでしょう。それ自体は悪いことではありませんが、「男ならこうして当然でしょ」「女ならこれはよろこぶだろう」と個人の意見を聞かないで勝手に決めつけてしまわないよう、気をつけないといけませんね。「男らしさ」や「女らしさ」に苦しんでいる人は、たくさんいます。どんな行為をしてもらうとうれしくて、どんな行為を苦手と感じるかは、人によって異なるので、相手の気持ちを大切にしましょう。たとえば私は、荷物を男性に持ってもらうのがちょっと苦手です。

――重たい荷物を男の子が持ってくれるイメージ、あるね。

すごく重たい荷物を、私よりあきらかに力の強そうな男の子が持ってくれるのは、体力的な意味でとてもありがたいです。でも、小さなバッグを「僕《ぼく》が持つから」と持たれても、正直「軽いから大丈夫なのに……」と思ってしまいます。

――私が好きなマンガで、そういうシーンがあったよ。女の子が重たそうな荷物を持っていて、男の子はその子が好きだったから「持つよ！」って荷物をうばっちゃうの。男の子は「かっこいいところを見せられたな〜」って感じで満足気《まんぞくげ》なんだけど、女の子が不満そうで。それで、彼に「私は半分持ちたいんだ、半分こがいい」って言って、荷物を返してもらうんだけど、そのシーンが大好き！

いいシーンですね！ ぜんぶ持ってくれるほうがうれしい人もいれば、半分こが対等な感じで、気持ちのいい人もいますよね。社会的には力仕事=男の子というイメージがあるので、荷物を持つのは男の仕事だと思っているかもしれませんが、自分で荷物を持ちたい人もいる。統計的な平均値でくらべると男女の違い（性差《せいさ》）はみられても、男の子だって力のある人ばかりではありませんし、女の子の中には男の子よりも力持ちもいます。そう考えると、性差が性役割を正当化させる根拠にはならないのではないでしょうか。男らしさや女らしさという基準にしばられず、相手のことを想って行動できるといいですよね。そして、された側も「嫌だな」と思うことがあるなら「こうしてほしい」と相手に自分の意見を伝えられるといいなと思います。

――でも、よろこんでもらえると思ってやったことが、実はうれしくなかったなんて……ショックかも。相手を想うって難しいね。

社会的なイメージをうのみにせず、ひとつひとつ考えてみると、わかってくるかもしれません。荷物をいっぱい持ってあげることで相手がよろこぶ姿を見るのがうれしいなら、その気持ちを相手に伝える。持ってもらえると助かるなら、その気持ちも伝える。「ルールだから」と行動するのではなくて、そのつど相手とコミュニケーションをとりながら、ふたりにとっての「うれしい／うれしくない」をすり合わせられるといいですよね。

――「割り勘にしたい」とかはちょっと言いづらいよね。

そうですね……そういうときは、おごられている側がひと言「負担に思ってほしくないから、私は割り勘にしたいな」などと伝えられるといいですよね。苦しさやしんどさを感じたとき、個人ばかりではなく、社会にも目を向けてみることは、ひとつヒントになるかもしれません。そうすると、ふだん、みなさんが自分や相手に対して「こうすべき」と思っていることが、もしかしたら社会から押しつけられていることかもしれない、と気づけるかもしれません。

――私の意思じゃなくて、社会に流されてるってこと？

社会の「ふつう」を、自分にとっての「ふつう」だと無意識に思ってしまって、しばられていることはたくさんあると思います。恋愛に限らず、人間どうしのコミュニケーション全般にいえる話なのですが、違和感に向き合おうとすると、どちらかがゆずったり、受け入れなければならないことも当然あると思います。恋人や親友といった、すごく近い距離の人ほど、一緒に過ごす時間も長くなるので「どうしてこの人っていつもこうなんだろう?」「私とは違うな」と感じる場面も増えてきますしね。その違和感を相手に伝えて、関係性に亀裂《きれつ》が入ってしまったり、最悪「別れる」ことになったりするかもしれない。そうした怖さから、正直な気持ちを話せなくなってしまうのもわかります。ですが、お互いの気づきを話すことで関係は深まっていきますし、自分とは違う価値観を知っていくのが、恋愛や友だち関係の楽しいところですよね。若いころは、そうした経験も「練習」だと思って、いろんな人と関係を築いてほしい、というのが私の願いです。

――モヤモヤを感じても、仲良しのままでいるにはがまんしなきゃいけないのかなって思ってた。嫌なことがあったら、相手に伝えてみることも大切なんだね。

違和感を感じたときに素直に言い合えると、信頼が増しますよね。あと、一度すり合わせたら終わりではなくて、何度でもお互いの価値観を「見直せる」ということが、大事なのかなと思います。

何度でもお互いの価値観を「見直せる」ことが大切

3 友だちに恋人ができたら、どうすればいい？

――さっきの話だけど、趣味の合う男友だちで、よく一緒に帰ったりお休みの日に遊んだりする子がいるんだ。その子と「付き合いたい」とは思わないし、相手も「○○は男友だちみたいな存在」って言ってるんだけど、最近その子に彼女ができて。これまで通り遊んでもいいのかなあ？　彼女は嫌な気持ちにならないか、ちょっと心配。

仲の良い友だちにパートナーができると、関係性が変わることはありますよね。お友だちはなんと言っているのですか？

――「僕の彼女は気にしないから、これまで通りで大丈夫だよ」って。彼女は私たちの趣味に興味がないみたいだし、私も趣味について話せる友だちだから、これまで通り

遊びたいなって気持ちはあるんだけど……。

あなたの友だちはやましい気持ちもなく、「大丈夫だよ！　これまで通り仲良くしようよ！」と言っていて、それは本心なんだと思います。たしかにせっかく仲良くなれた友だちですし、共通の趣味の話もできるし、お互いに恋愛感情がないのならこのまま関係を続けたいですよね。

――うん。恋愛感情はないし、彼女は彼女で大事にしたらいいじゃんって思う。

理屈《りくつ》としては、そう考えるのもわかります。これはあくまでも個人的な意見ですが、彼女の意見を聞かずに、あなたと友だちの間で答えを出してしまうのは危ないかなと思います。付き合うとは一対一の関係、特別な関係を独占できると思っている人も多くいます。人によっては、「女友だちでも話してほしくない」という独占欲の強い人も。友だちとの距離感への考えかたは人それぞれ違いますので、場合によっては、想像だけが勝手に膨《ふく》らんでいって、勘違いをさせたり、最悪友人とパートナーが別れの危機にさらされたりするかもしれません。それは友だちとしても、苦しいですよね？

――それは絶対に嫌だ。友だちが幸せであってほしいから。

そうですよね。その友人を介《かい》して、お互いにとってベストな距離感を見つけられるように友人のパートナーとも、あなたともコミュニケーションをとって調整してもらうのがよいように思います。こういうとき、周りからは「友だち付き合いをやめたほうがいい」などいろいろな意見を言われることがあります。みんな、想像力が豊かですからね。でも、そのやめたほうがいいというラインは、誰が決めたものなのでしょうか？　人それぞれ価値観が違うのだから、あなたと友だちとパートナーの3人でしか答えを決められません。恋愛についてどう考えているのか、友だちとあなたとの付き合いはどこまでが許せて、どこからが嫌な気持ちになるのか、お互いに話をして出した答えを信じていいと思います。きっとそれは、たった一度の話し合いで決まるものではないかもしれないし、気持ちが変わることもあります。そのつど、モヤモヤすることがあれば話せる関係性だといいですよね。そしてこれは、あなたが誰かのパートナー側になったときも同じことが言えます。友だちもパートナーも傷つけない方法を見つけて付き合いが続くとよいのですが、時間をかけて考えるしか方法はないのかなと思います。

④ インターネットで知り合った人と付き合ってもいい？

――告白とか付き合うとかいろいろ聞いてきたけど、そもそも私、好きな人がぜんぜんできないんだよね。

恋愛はしたいけれど、しばらく好きな人がいないってことですか？

――うん。学校にも塾《じゅく》にもいい人がいないから、もうネットで出会うしかないかもって思って。ＳＮＳでいい出会いがないかなあ。

マッチングアプリ、ＳＮＳの恋愛専用アカウント、チャット、オンラインゲームなど、インターネットの世界から始まる恋愛、いわゆる「ネット恋愛」は主流になってきていますよね。実生活だけだと出会える人の数も限られますし、クラスや部活など、リアルなコミュニティの人間関係を壊さないために、あえてインターネットの恋愛しか選ばない人もいるそうです。

――そうなんだ。どれくらいの人が、ネット恋愛をしているんだろう？

ネット恋愛の全体数はわからないのですが、参考になるデータがあります。結婚している人を対象に「どんなきっかけでふたりは出会いましたか？」という質問をした調査があります。２０２１年の調査では全体の14％近くが「ＳＮＳやアプリなどインターネットで知り合った」と回答していたんです。しかし、２０１８年の調査ではたったの６％ほど。ここ数年のあいだで、割合が急速に上昇していることがわかりますよね。対して、１９９２年の調査では約35％と非常に高い割合だった「職場や仕事」での出会いの割合は、コロナ禍の影響もあり、21年の調査では約21％まで低下しています。*8

――ネット恋愛って、そんなに増えているんだ！

インターネットでの出会いは年々増加している

ちなみにいちばん多い出会いの場は「友人の紹介」ですが、この割合も減少傾向にあるので、いつ「インターネットでの出会い」に抜《ぬ》かれるかわかりません。これだけオンライン上での出会いが加速しているのは、マッチングアプリなどで事前の年齢確認など、ある程度安全性に対策がなされるようになり、社会的にも出会いの場として整備されてきたことがあるのかなと思います。少し前は、「アプリで好きな人に出会った」とは言いづらい空気がありました。ですが、オンラインで付き合っている人たちが増えたことで抵抗感《ていこうかん》がなくなり、友だちからの「大丈夫? 危なくない?」みたいな心配事も減ってきたのかなと感じています。「マッチングアプリの動向整理」*9によると、「恋愛もしくは結婚意向がある恋人のいない独身者」のうち、ネット系の婚活サービスを利用している人の割合は年々増加していて、2017年は9・1%にとどまっていたのが、2021年は21・8%まで増加しています。

――すごい! 5人に1人は使っているってことだね。

周りが使っているから私も使ってみようかな、と思う人はいるのではないでしょうか。年齢や住んでいるところ、共通の趣味や好みの見た目といった、好きな人の「条件」に当てはまる人をデータで探しやすい、という手軽さも、主流になってきている理由のひとつかと思います。

――クラスでは出会いがない子も、インターネットだと共通の趣味の友だちもできやすいし、話も盛り上がるから、好きな人が見つけやすいって言ってた。

趣味が合う人と出会いたい、と思っている人にとっては、インターネットは自分とつながれそうな人を探すにはすごくいい空間ですよね。

――でも、ネットだと実際にどんな人かわからないし、写真を送ってもらわないと顔がわからないこともあるでしょ。だまされてお金を取られたとか、変な事件に巻き込まれたとか、ネットからの恋愛って怖いイメージがある。ネットでしかやりとりしてなかった人に「会おうよ」って言われても、ためらっちゃうかも……。

その気持ち、わかります。インターネットだけで会話をしている人だと、お互い身元がわからないですもんね。言葉も写真も、簡単にウソをついたりなりすましたりすることができますから、「好きになって大丈夫かな……？」、「写真が別の人のものだったらどうしよう」と、関係を深めていくのが怖くなりますよね。リアルな出会いよりもさらに、相手の情報が必ずしも「正しいかどうか」わからないですし。

——そうそう。会う前に写真を送ってもらったとしても、加工しているかもしれないでしょ？　自分も加工しちゃうと思うし、会ってみてぜんぜん違うって思われたらどうしよう。

実際に、インターネットでやりとりしていた人と会ってみて、「写真とぜんぜん違った」という声は学生からもよく聞きます。

——そうだよね……インターネットから始まる恋愛って、先生はありだと思う？

ありかなしかで言えば、大いにありだと思います。たくさんの出会いの可能性が待っていると思いますし、インターネットという空間だからこそ本音を話せるという人もいます。身近なコミュニティでの人間関係がうまくいっていない人にとっては、オンラインでの交流は、ふだんとは「別の世界」として自分らしさを発揮《はっき》できる、救いの場になっているのかなと想像します。

——話したことのなかった別のクラスの子が、私と共通の趣味の話をSNSでしていて、そこから仲良くなったこともあるよ。

趣味や性的指向など、ある特定の人と親密になりたい場合は、インターネット空間だとキーワードで検索《けんさく》をできたり性的指向を開示していたりして、出会いやすいですよね。ただ、インターネット、つまりオンラインでの出会いは、トラブルもたくさん報告されています。そのお話をさせてもらってもいいですか？

——うん、知りたい。

先ほど挙げた「マッチングアプリの動向調査」によると、「トラブルや困ったことがありましたか？」という質問に対して20代は63・6％、30代は58・3％と、かなり高い割合の人たちが「トラブルに巻き込まれた」と答えています。

オンラインでの出会いは
トラブルも非常に多い

――63・6%も!? 半数以上の人がトラブルにあっているんだ……。

しかも、性別による差はあまりなく、男性は全体の約59%、女性は約60%がなんらかのトラブルに巻き込まれたと回答しています。

――男の人もトラブルにあうんだ……みんな、どんなトラブルにあっているんだろう?

トラブルの内容はさまざまです。先ほども話した「写真のイメージと明らかに違った」という回答がもっとも多く、あとは「ドタキャン」も割合が高いですね。ほかには年齢や職業、結婚の有無《うむ》についてウソをつかれていた、始めから性行為を目的とされていた、詐《さ》欺《ぎ》にあった、不快な発言やメッセージを送られた、といった声が寄せられています。

――詐欺とか怖い……!

また、オンラインでの出会いは、性的な写真を送らせる、危険な性交渉を求めてくるなど、性犯罪の割合が高いこともわかっています。韓国《かんこく》では２０１８年から20年にかけて、たくさんの未成年者が巻き込まれた「n《エヌ》番部屋《ばんべや》事件」というデジタル性犯罪が明らかになりました。主犯格《しゅはんかく》は20代の青年で、メッセンジャーアプリで「モデルの仕事」などと偽って女性を募集《ぼしゅう》し、脅《おど》してわいせつな写真を撮《と》らせ、有料会員向けの掲示板《けいじばん》にアップロードしていました。さらに加害者《かがいしゃ》は被害者《ひがいしゃ》の自宅へ実際に行き、性的暴行や自傷行為の様子を撮影《さつえい》した映像を公開するなど凄惨《せいさん》をきわめ、被害者の中には、自ら命を絶《た》った人もいました。さらに衝撃的《しょうげきてき》なのが、写真や動画を閲覧《えつらん》した人が26万人にものぼったことです。この事件で、70人以上の女性が被害にあい、未成年は14人も含まれていたんです。

——ひどすぎる……。

はい。これほど悪質な犯罪でなくとも、私たちの身近なところに、デジタル性犯罪の入り口は存在しています。インターネットを、ふたりだけのプライベートな空間だと勘違いしている人は多いのですが、実は違います。その人だけに送ったつもりの写真がいつの間にかオンライン上にアップされたり、やりとりをスクリーンショットで撮られて拡散《かくさん》されたり、思いもよらないところで個人情報が流されてしまったりすることがあります。なので、まだ会ったことのない人に写真を送ったり、氏名や住所、学校などの個人情報を伝えたりすることは絶対にやめましょう。

――どんなトラブルに巻き込まれるか、わからないもんね。

2023年6月に、性犯罪に関する刑法《けいほう》が大きく改正されました。その中で、16歳未満の子どもに対して性的な目的でだましたり誘惑《ゆうわく》したり、お金を渡す約束などをして会うことを要求した場合、または実際に会った場合に、罪に問えるようにする規定があらたに設けられました。また、わいせつな画像を撮ってSNSやメールなどで送るよう求めた場合も、罪に問えるようになりました。

――そうなんだ!

はい。これはSNSで大人が子どもに近づき、親しくなってから性行為や性的な画像を送らせる事件が多発していることから盛り込まれたものです。ただし、被害にあった人が13歳から15歳の場合は、加害した人の年齢が5歳以上年上であることが適用《てきよう》条件となります。また、性的な画像を撮影したり、第三者に提供したりすることを禁じる「撮影罪」も新設されました。

――そういう行為は犯罪にあたるって、あらかじめ知っておくことは大切だね。ほかには、こういう事件に巻き込まれないようにするには、どうしたらいいの?

「出会い系サイト規制法」というものがあり、オンラインのコミュニケーションアプリのほとんどは、対象年齢が定められています。SNSの多くは、アカウント登録の年齢が13歳以上になっています。マッチングアプリの場合は、使用年齢が18歳以上と決まっているので、必ず年齢制限を守るようにしましょう。

――わかった。でも、なんでオンラインの関係ってトラブルが多くなっちゃうんだろう。

原因のひとつとして、気軽に出会えてしまうことがあると思います。おそらく、リアルな人間関係ではそのような言動をしないのに、インターネットだけの付き合いなら簡単に縁を切れるからと、ひどく失礼な態度をとってしまうのかなと。オンライン上だけでやりとりしている場合はメッセージを送り合っている相手が「リアルに存在する人間」であることを忘れてしまっている可能性もありますね。相手を侮辱するようなひどい言葉（誹謗中傷）を浴びせたり、しつこくメッセージを送ったり、相手の表情が見えないことでどんどんエスカレートしていき、場合によっては犯罪行為にあたる危険な結果を招いてしまうことがあります。

――相手の表情が見えないからなんでも言えちゃうっていうのは、ちょっとわかるかも。

もちろん、始めから悪意をもって暴言《ぼうげん》をぶつけるケースや、性行為の強要や詐欺などの犯罪目的で接触しているけれど、それを巧妙《こうみょう》に隠《かく》しているケースもあります。オンラインで出会うこと自体は否定しませんが、とくに未成年のみなさんには非常にリスクがあるということは、知っておいてください。また、自分が被害者になるだけでなく、自分自身の言動によって相手を傷つけてしまうかもしれないということも、つねに忘れないでほしいですね。

——そうだね。傷つけたつもりはなくても、相手を悲しませてしまったら加害者ってことになるもんね。

はい。インターネットでも、リアルな人間関係と同じように、もしかしたらそれ以上に慎重《しんちょう》に、相手にリスペクトの気持ちをもってコミュニケーションすることが必要だと思います。インターネットでのトラブルに関する専門の相談機関もありますから、危険を感じたらどんなことでもすぐに相談してくださいね。電話やメール、ＬＩＮＥで相談を受け付けてくれるところもありますよ（巻末２２２ページ）。

5 好きだけどセックスはしたくない。これっておかしい？

恋愛にまつわるコミュニケーションを考えるうえで、みなさんにぜひ知っておいてほしいことがあります。それが、先ほども少しだけお話しした「性的同意《せいてきどうい》」という言葉です。

——とつぜんキスしたり、手をつないだりするのはダメって話だよね。

そうですね。性的同意とは、性的な行為をするときに相手に「ＹＥＳ」と同意を得ることです。性的行為＝セックスだと思っている人も多いのですが、それだけではありません。手をつないだり、キスをしたり、ハグをしたり、そうした「触れ合う行為」すべてを性的な行為と言います。また、性行動だけではなく、性的な話をすることも含まれます。そうした、性にまつわることについて、お付き合いをしている相手の意志を確認して同意を得ることを「性的同意」と言います。たとえば、付き合ったら、いつでもどこでもキスをしてもいいのでしょうか？

――さっき、「付き合ったからっていつでもＯＫじゃない」って言ってたよね。たしかに突然キスされたらびっくりするかも。

そう、突然されたら驚《おどろ》きますよね「相手もそうしてほしいはずだから」という理由で、相手の許可なく行動することは、相手を傷つけるかもしれない、危険なことです。

――お互い大好きで付き合っていても、同意が必要ってこと？

はい。付き合っていれば手をつないだりキスをしたりして当然だと考えてしまっている人は多いのですが、そうではありません。みなさんに知っておいてほしいのは、自分の心や身体は「自分自身に属しているもの」で、他人が勝手に侵《おか》してはいけないということ。つまり、自分の心と身体について決める権利を、すべての人がもっていて、本人の意志がいちばん大切だということです。たとえ結婚していても、恋人関係にあったとしても同意

自分の心と身体について決める権利をすべての人がもっている

が必要です。同意を得ずに、本人が望んでいないことを強要することは、その人の権利を踏《ふ》みにじることになってしまいます。

――自分の心と身体について決める権利。

はい。お付き合いをすると、「自分の性」が「相手のもの」のようになってしまうことがあります。たとえば、キスをする気分じゃないのに相手からキスを求められたら「恋人だから応《こた》えなきゃいけない」と思ってしまう。逆に、「恋人どうしだから、相手にいつでもセックスを求めてもいい」と思ってしまう。好きだったら何をしてもいいわけではありませんし、がまんしてそれに応える必要もありません。

――さっきもそんな話があったけど、「キスやセックスが嫌なら、付き合うなよ!」って思われちゃわないかなあ……。

付き合うことと、性的な行為をしたいという気持ちのつながりは人それぞれ違います。恋愛と性的行為が強く結びついていて、好きな相手とたくさん触れ合いたいという人もいれば、一緒に遊ぶのは楽しいけれど触れ合う行為は苦手という人もいますし、逆に触れ合う行為は積極的にしたいけれどデートはめんどくさい、みたいな人もいるかもしれない。あるいは、心の準備ができていなくて、いまは嫌だけれどもう少し関係を深めてからならYESになる、という人もいるでしょう。さっきまではYESと思っていたけれど、いまはそういう気持ちでなくなった、ということもあります。好きだけどセックスしたくない、という価値観はあって当然ですし、決しておかしなことではありません。これまでも「人それぞれ恋愛における価値観は違うから、コミュニケーションをとりましょう」という話は何度もしてきましたが、「性的同意」は、とくに相手の気持ちを尊重することが必要な場面だと思います。セックスはもちろん、手をつないだりキスをしたりハグをしたり、相手の身体に触れるタイミングでは、基本的にすべて同意をとってもらいたいですね。

——でも、「キスしていい？」、「抱《だ》きしめていい？」なんていちいち確認していたら、ムードが台無しにならない？　手をつなぐのとか「雰囲気でわかってよ〜！」って思っちゃいそう。

そう感じる気持ちもわかります。ただ、「ムードを壊すから」といって相手の同意をと

性的同意をとらない行為は性暴力になりうる

らないと、どうなるでしょうか？　たとえば、ドラマやマンガなどで、嫌がっている子に対して「ほんとうは嫌じゃないくせに」と、キスなどの性的行為をせまるシーンがありますよね。性的行為に積極的なことを恥じらって、そうした描写《びょうしゃ》が生まれたのかもしれませんが、現実社会に置《お》き換《か》えると、これは性暴力になりうると考えられます。

――壁ドンから突然キスをされたり、寝ている間にキスをされたりするシーンも？

どちらも、相手の身体を許可なく勝手に侵害しているということになりますね。相手が「嫌だ」と拒否していたり、消極的《しょうきょくてき》な返答だったり、答えることができないような状況（体調が悪かったり、寝ていたり）の場合は、性的同意がとれていないことになります。つまり「ＹＥＳ」でないなら、それ以外はすべて「ＮＯ」だということ。「思わせぶりな態度」という言葉がありますが、たとえばじっと目を見つめられたり、露出《ろしゅつ》の多い格好をしていたり、誰もいないふたりきりの状況になったとしても、それは決して「ＹＥＳ」を意味しません。もし「お前が思わせぶりな態度だから！」と責められても、被害者はまったく悪くありません。

――そうだね、だって、相手は同意してないんだもんね。

はい。もし、同意をとらずに身体に触れた場合、たとえあなたは相手が大好きだとしても、相手を肉体的にも精神的にも深く傷つけたり、それが相手のトラウマになってしまったりするかもしれません。

2023年6月の刑法改正によって、これまで「強制性交等罪《きょうせいせいこうとうざい》」「準強制性交等罪《じゅんきょうせいせいこうとうざい》」とよばれていた犯罪が見直され、「不同意性交等罪《ふどういせいこうとうざい》」という名称になりました。これによって、「同意がない性行為は犯罪になりうる」ということが、より明確に示されました。また、みなさんに深く関係することで言うと、刑法では「性交同意年齢《せいこうどういねんれい》」というものが定められていて、16歳未満の人への性行為は、本人の同意の有無にかかわらず、すべて性暴力になります。つまり、大人が16歳未満の子どもに言葉巧《たく》みにセックスをもちかけ、「相手も同意してセックスした」と主張しても、それは犯罪にあたるということです。

「性交同意年齢」とは

性行為への同意を「自分で判断できる」とみなされる年齢の下限《かげん》のこと。最近まで日本の性交同意年齢は13歳と先進国の中で最も低かったが、2023年6月の刑法改正で16歳に引き上げられた。つまり、16歳未満の子どもとの性行為は、性交の事実さえ証明できれば、同意の有無にかかわらず性犯罪に問うことができる。ただし、13〜15歳との性的行為については、年齢が「5歳以上」年上の場合に処罰《しょばつ》対象となる。性交同意年齢は国によってさまざまで、アメリカは16〜18歳（州によって異なる）、イギリス、カナダ、韓国は16歳、スウェーデン、フランスは15歳と規定されている。

――具体的に、性的同意はどうやってとったらいいの？

相手に「〇〇してもいい？」と聞いて、「いいよ」と了承《りょうしょう》をもらうのは、シンプルな方法です。しかし、恋愛のありかたが人それぞれ違うのと同じように、コミュニケーションのありかたもカップルによってそれぞれ違うでしょう。なかにはダイレクトに「〇〇してもいい？」と聞くことが苦手だったり、逆にダイレクトに聞かれることで必要以上に身構えてしまったりするカップルもいるかもしれません。大切なのは、お互いにとって心地よく、相手を思いやるコミュニケーションをとることです。「嫌なら嫌って言ってね」、「どう思う？」と相手の気持ちを聞くのもいいですし、お互いにしかわからないサインを決めておくのもいいかもしれませんね。そして、少しでも嫌そうな感じだったり、あいまいな返事が返ってきたりした場合は、一度踏みとどまって、相手の気持ちを再確認しましょう。また、そうしたときに、相手が自分の思いを伝えやすい状況であることが大切です。

――思いを伝えやすい状況？

たとえば年齢差があると、ふだんから年上の相手に気軽に意見を言えない関係性かもしれません。そうすると、ＮＯも言いにくい可能性が。脅迫《きょうはく》をしたりプレッシャーをかけたりしない「非強制性《ひきょうせいせい》」、ふたりの力関係が平等である「対等性《たいとうせい》」、キスをしたら性行為もしていいとはならない「非継続性《ひけいぞくせい》」、この３つを意識してみると、相手も話しやすくなるかもしれません。

――たしかに、部活の先輩からなにか頼まれたりすると、断りづらかったりするもんなあ。でも、もし断ったり嫌がったりしたら、相手は「嫌われている」って思っちゃわないかな？　恋人が悲しむのが怖くて、ＮＯって言えないかも……。

気持ちのすれ違いが生じてしまう可能性はありますよね。断ったからといって相手のことが嫌いなわけではない、というのは、きちんと言葉を尽くして、気持ちを伝えるしか方法はないと思います。「嫌だ」とはっきり伝えたうえで、どうして嫌なのか、何が嫌なのか、好きな気持ちに変わりはないのかどうかを丁寧《ていねい》に伝える。うまく考えがまとまらない場合は、「もう少し待って」と伝えるのもいいと思いますよ。性的同意を得ようとする側も、相手を説得しようとするのではなくて、気持ちを受け止めたうえで、自分の気持ちも伝えられるといいですね。

――自分の気持ちもあいまいにせずに、きちんと相手に伝えなきゃいけないね。

そうですね。若者を対象に調査をしていると、付き合うとは性行為もＯＫな関係性だと認識していて、なんの疑問ももっていない人がまだまだ多いと感じます。なので、お付き合いはしてみたいけれど、性行為をしたくなくて恋人をつくれない、という学生がいました。また、性行為を拒否することができなくて、別れを選択した学生も。恋愛と性が密接にかかわっていることを調査の中では感じましたが、付き合う＝性行為がすべてＯＫではないと、あらためてみなさんにお伝えしたいです。

6 付き合っている人をひとり占めしたい

——付き合っている人に、自分の気持ちを正直に話せたらいいなと思うけれど、うまく話せるか自信がないなあ……。

自分の気持ちを素直に話せるようになるまでは、お互いに少し時間がかかるかもしれませんね。

——友だちの彼氏で束縛《そくばく》が強い人がいて、ＬＩＮＥはすぐ返事しなきゃいけないし、クラスの男の子と少ししゃべっているだけで「浮気《うわき》かよ！」って怒ってくるんだよ。あんまり怖いから、その子は正直な気持ちを話せていないんじゃないのかなあって思う。私たちの前でもびくびくしているし。

デートDVの相談件数は急増している

その彼の行為は、先ほども少しお伝えした「デートDV」にあたると思います。

——あ、恋人どうしのあいだで起こる暴力のことだったよね。

そうですね。2016年、中学生から大学生を対象に実施した「全国デートDV実態調査」によると、交際経験がある中学生・高校生・大学生1329人のうち、「なんらかの被害に遭《あ》った」と答えた人が38・9%もいました。[*10] つまり、3人に1人はデートDVを受けた可能性があるという計算になります。

——そんなにたくさんいるの⁉ 怖いんだけど……。

残念なことですが、若い世代にとっても身近な話になってきているのは事実です。デートDVについて相談ができる窓口「デートDV110番」が発表した、2011年の開設から2021年までの年間相談件数のグラフを参照すると、10年で20倍近く相談件数が増えていることがわかります。

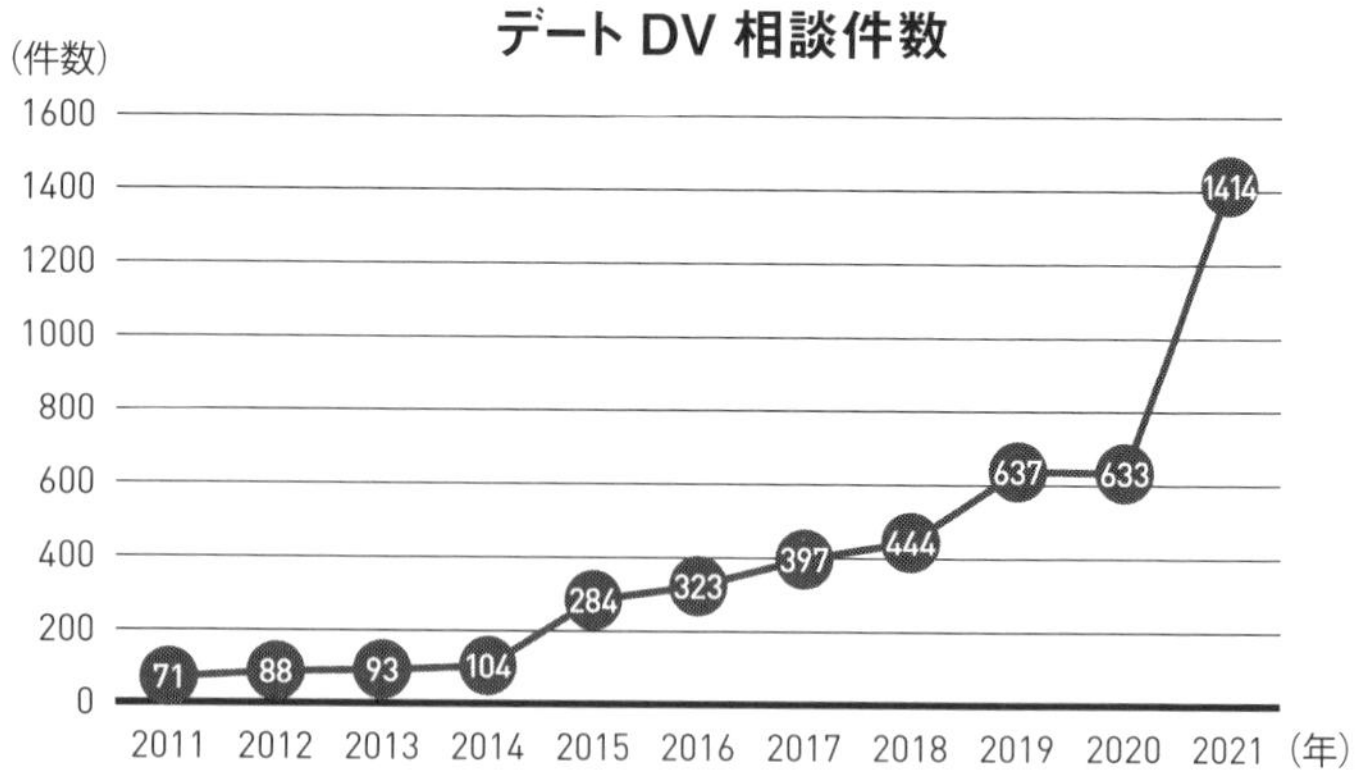

「デートDV110番」年間相談件数の推移（2011 ～ 2021年）
出典：https://readyfor.jp/projects/datedv110

――そうなんだ……。でも、デートＤＶってどういうことを指すんだろう？　ちょっとバカにされたり、嫌な言葉を言われたりしたくらいじゃ、デートＤＶとは言わないでしょ？

その程度によっては、該当《がいとう》するかもしれません。事例をいくつか挙げてみましょう。たとえば、先ほど話に挙がった「強すぎる束縛」というのは、デートＤＶに当たることが多いです。「自分のことが嫌いなんだろ」「ほかに男がいるんだろ」などと憶測《おくそく》で相手を責めることで、まるで自分が被害者であるかのように振《ふ》る舞《ま》う。返信が遅いと怒ったり責めたりする、勝手にスマホを見て、やりとりをブロックしたり、連絡先を消したりする、どこにいるのか、誰といるのか、いつも連絡することを要求するなど行き過ぎた行動をとる人もいると聞きます。

――なんか、自分もちょっと思い当たるかもと思っちゃったし、友だちから聞いたことがあるエピソードと重なるものもあった。

具体的には、どんなことでしょうか？

――付き合っているのに、相手がほかの人とLINEをしているとモヤモヤしちゃう。問いつめると「ただの友だちだ」って言うけど、ヤキモチを焼いちゃって……。でも、「誰ともLINEをしないでほしい」っていうのは、束縛しすぎ？

付き合うとは、ほかの人とは違う特別な関係になること、つまり「一対一の関係になる」という認識を、多くの人が規範として共有していると思います。どこからが束縛なのか、線引きすることは難しいですね。人によって価値観が違うので、付き合っているふたりで「どこまでなら許せて」「どこからがダメなのか」、話し合って決めるしかありません。

ただ、相手の行動を厳しく制限しすぎると、気づかぬうちに「デートＤＶ」にあてはまる行為をしている可能性があります。付き合うなら相手を思いやる気持ちを大切に。お互いに話し合いながら、ふたりにとって心地よいルールを決められるといいですね。

私が出会った大学生の中には、「位置情報共有アプリ」を入れて、お互いの居場所を共有しているカップルもいて驚きました。付き合うときに、相手に「このアプリを入れて」と気軽に言うようで、断ると別れることになるかもしれない、という理由で相手も受け入れてしまうそうです。これは、束縛することが愛の証明だという勘違いから生じているのだと思いますが、相手の行動を監視《かんし》し、制限しようとする行為も、暴力なのだということを知ってほしいです。

――ＤＶって聞くと、殴られたり蹴られたりをイメージしていたけれど、束縛もＤＶになるんだね。

そうなんです。身体に対する暴力だけではなくて、言葉で相手を傷つけたり、経済的に追いつめたりと、相手の心を傷つける行為も「デートＤＶ」にあたります。ＤＶには大きく分けて5種類あり、１つ目が「身体的暴力」。殴ったり蹴ったりなど、相手の身体を傷

身体的暴力

相手の身体を傷つける物理的な攻撃のこと。

（例）殴ったり、蹴ったり、髪の毛を引っ張ったりする
気に入らないことがあると周りの物を投げつける

精神的暴力

言葉や大げさな態度で精神的に追いつめ、心を傷つけること。

（例）大声で怒鳴ったり、傷つく言葉を言ったりする
体型や容姿をけなす
「別れるなら死ぬ」と言って脅す

経済的暴力

いつも金銭を負担させるなど、経済的に相手を苦しめること。

（例）デートの費用をいつも支払わせる
高いプレゼントを買わせる
借りたお金を返さない

性的暴力

相手の同意をとらずに性的な行為をしようとすること。

（例）無理やりキスやセックスをする
見たくないのに性的な動画や写真を見せられる
裸の写真や動画を送らせる／ネットにアップすると脅す
避妊をしない／無理やり中絶させる

社会的暴力

束縛したり周囲から孤立させたりして相手をコントロールしようとすること。

（例）大量のメールやLINEを送り、すぐに返事がないと怒る
部活や趣味など、やりたいことを辞めさせようとする
友人との約束を断らせて、自分を優先させようとする

つける物理的な攻撃のことで、みなさんが思い浮かべるものですね。2つ目が「精神的暴力」。大声で怒鳴《どな》ったり、人前でバカにしたり、「別れたら死ぬ」と脅したり、精神的に追いつめて心を傷つける暴力です。3つ目が「経済的暴力」。1章でも話しましたが、毎回デート代をすべて彼氏に支払わせることは「経済的暴力」にあたる可能性も。とくに、経済的に格差がなく、アルバイトなどができない学生の場合、「次のデート代は支払えるかな……」と、相手を苦しめてしまうこともあるかもしれません。

――彼氏がおごるのが当然って思っている人も多いよね。「うちの彼氏、ぜんぜんおごってくれない～」とか文句を言っている子もいるし、年上の彼氏がいる子だと高いものを買ってもらって自慢《じまん》することもある。

そうやって相手にお金を使わせることで、逆に「これだけお金を使ったんだから、これくらい要求してもいいだろう」と思われ、暴力が連鎖《れんさ》して、相手の要望を受け入れざるを得ない状況になることがあります。まさに、暴力で相手を支配しようとする状況になっていますよね。

――お互いに傷つくし、最悪な状況だね……。

4つ目は、性的同意をとらずに性行為をしようとしたり、避妊《ひにん》に協力しなかったり、同意を得ずに性行為の様子を撮影しようとしたりするといった「性的暴力」です。5つ目が「社会的暴力」。行動を監視したり、友人関係を制限したり、束縛して相手をコントロールしようとすることです。束縛の強い彼氏は、この5つ目にあたりますね。

7

嫌われるのが怖くて断れない

――自分ではDVしているつもりはなくても、いつの間にか相手を追いつめていることもありそうだよね。「私のことだけ見ていてほしい」とか、そういうちょっとしたヤキモチをなくすのは、なかなか難しそう。

判断が難しいですよね。たくさんの事例を挙げましたが、それが毎日続くのか、たった1回なのか、頻度《ひんど》や態度、相手の受け止め方によっても、判断が変わってくると思います。相手のことをもっと知りたい、私のことだけ見ていてほしいという気持ちもわかりますが、大切なのは「相手を尊重する」こと。たとえ付き合っていたとしても、相手の行動や時間の自由を奪う権利はありません。その前提を共有していると、相手を傷つけたり自分本意な行動をとったりすることは減らせるのかなと思います。DVをしない、あるいはDV被害に気づきやすくなるためには、自分と相手が、対等な関係であることを意識してもらいたいです。

――さっき話していたみたいに、おごられていると相手のほうが有利な立場になって、暴力を受けやすいとかってこと？

いちがいには言えませんが、そういう可能性もありますね。どちらかが強い力をもつと、支配的な関係に変わってしまうことがあります。最初はもしかすると、「相手をよろこばせたい」という気持ちからおごっていたかもしれませんが、だんだんとその回数が増え、もし金銭的に苦しめられていた場合、その不満が付き合っている人に向く。そうして、「自分はこれだけ尽くしているんだから、お前も尽くせ」と要求がエスカレートする可能性は考えられます。

自分と相手が対等な関係であることが大切

――そうなると、抜け出すのが大変そうだね。

ほんとうは「毎回おごるのが大変だから、割り勘でもいい？」など、本音を話せたらいいのですが、自分から言うのはプライドが許さない、なんてこともありますよね。お互いに仕事をしていない学生どうしなら割り勘が基本だと思うのですが、先ほどもお話しした「性規範」に、多くの人がしばられているのだと思います。相手をリードしたりおごったりして「男らしさ」をアピールしたり、従順でいることで「女らしさ」を守ろうとして、結果的に、対等な関係がくずれていくのだと思います。ですが、そうした性規範にとらわれず、モヤモヤすることがあるならば、一度立ち止まって考えてみてほしいです。

――同級生の男の子は幼く見えて、教育実習生の先生や、従兄弟《いとこ》のおにいちゃんがカッコよく見えるんだよね。でも、年上の彼氏がいる友だちが、彼氏に「付き合ってるんだから」ってしつこく迫《せま》られてセックスをしちゃったって、悲しんでて……。そういうの、ちょっと怖いなあって思った。

相手が年上で、自分よりも経験豊富な場合、「これが恋愛だよ」と言われたら「そうなのかな?」と思ってしまいますよね。まさに、対等な関係性ではない恋人どうしになってしまっている。ですが、どれだけ年齢が離れていても、「付き合う」とは本来、互いに同等な立場に立ち、相手を信頼し、尊重する気持ちをもつことです。恋人どうしなのに、そこで主従《しゅじゅう》関係や上下関係が発生してしまったら、かなり危険な状態。おじけづいて相手の言いなりになってしまうような状態は、DVをされやすい状態なので、気をつけてください。

――グイグイ来てくれたらカッコいいな、とか思っちゃわないかな。

あなたを想っての行動であればカッコいいかもしれませんが、あなたを支配しようとしているような行動で、少しでも違和感をもったり、苦しんだり傷ついたりしている場合はDVを疑ってもいいかもしれません。

――でも、暴力とかひどいことをされていたら、すぐに「別れる」って思う気がするんだけど、DVだって気がつかないものなのかな……。

渦中《かちゅう》のカップルは、そう簡単に別れを切り出せないのだと思います。何度も経験するうちにそうしたことに慣れてしまうケースもありますし、「私がついていてあげないと」、「でも、機嫌《きげん》がいいときはやさしい」などいろんな理由から相手と離れられない人もいます。「相手の気持ちに応えられない自分が悪い」と自分を責めてしまう人もいると聞きます。ですが、そんなことは絶対にありません。あなたは決して悪くない、と声を大にして伝えたいです。

――そうだよね、ひどいことをされているんだから。

また、男性だからといって被害者にならないわけではありません。身体的な力関係だけで考えると、男性が暴力をふるうイメージがありますが、「全国デートＤＶ実態調査」で交際経験があると回答した男性のうち、27・4％にＤＶ被害の経験がありました。また、同性どうしのカップルでも、もちろんデートＤＶはありえます。

――精神的な暴力や経済的な暴力もあるもんね。

はい。もし、どうしたらいいのかわからなかったり、悩みを聞いてほしかったりする場合は「第三者の専門家」に相談することをおすすめします。家族や友人に話しづらい内容だと思いますし、感情的になって冷静な判断をしてもらえない可能性も。専門家であれば、これまでの相談の実績から的確なアドバイスをもらえますし、最近ではＬＩＮＥやメールなど気軽に相談できる場所が整っています。中学生のみなさんが、なにがＤＶにあたるのかなど、自分で判断をすることは難しいこともあると思います。「おかしい」と思うことがあれば、ひとりで悩まないで、ぜひ相談してみてください。

――どんな相談ができるんだろう？

利用したことがある人に話を聞いたところによると、掲示板やチャットフォームに書き込むと、一定時間内に返事が来ます。「こうしてください」と具体的な指示を受けるのではなく、まずは「こういう選択肢もありますよ」と悩みに寄り添ってくれるイメージです。あきらかなＤＶではなくても、スクールカウンセラーに話すように、ちょっとしたモヤモヤを相談して、自分の考えを整理する窓口としてもいい場所だと思います。

8 SNSに付き合っている人との写真をアップしてもいい？

――これって「デートDV」だったのかなって思うことがあるんだけど、先生に聞いてもいい？

もちろんです。

――前に付き合っていた人が、デートや放課後《ほうかご》にふたりきりで撮った写真を勝手にSNSにアップする人だったの。それがほんとうにイヤで……「許可なくアップしないで！」って何度言ってもやめてくれなくて、あげくの果てに「オレと付き合っているのを周りにバレたくないの？」って責められて。そんなことないのに、気持ちをうまく説明できなくて、結局お別れしたことが、ちょっと自分の中でトラウマになって

いて……。

それはつらかったですね……。正直な気持ちを彼に伝えるのは勇気がいったと思いますが、「イヤ」と言えたのはすばらしいと思います。もしかしたら相手は、あなたを独占したい、素敵な彼女だと自慢したいという気持ちからSNSにアップしていたのかもしれませんが、相手の同意なく写真をSNSに拡散することも、デートDVにあたります。

――そうなんだ。

付き合っているどうしが同意のもと、楽しく写真をアップしているぶんには問題ありませんが、相手が「イヤだ、やめてほしい」と拒否を示しているのに、無理にやっていますからね。SNSは多くの人が日常的に楽しんでいますが、先ほどもお伝えしたように、インターネットはトラブルに巻き込まれやすい場所でもあります。「デジタルタトゥー」という言葉は知っていますか？

――「デジタルタトゥー」？　聞いたことない。

デジタルタトゥーとは、ネット上で公開された投稿《とうこう》が拡散されてしまうと、完全に消し去ることが困難になり、ネット上に長いあいだ残ってしまうことから、「タトゥー（入《い》れ墨《ずみ》）」にたとえられた呼び名です。たとえ、その場のノリだったり、気軽に投稿したりしたとしても、意図せず多くの人に広まってしまう可能性がある。インターネット上の情報をすべて消し去ることは難しいですし、氏名や住んでいる場所、通っている学校など個人情報が流出してしまうこともあります。なので、SNSに対して用心深い気持ちをもつことは重要です。最近では中高生が狙《ねら》われて、事件に巻き込まれるケースも多いと聞きます。「リベンジポルノ」という言葉は知っていますか？

――ううん。リベンジって、復讐《ふくしゅう》って意味だよね。

リベンジポルノとは、元の交際相手などの性的な写真を許可なくネット上に拡散してしまうこと。別れ話をもちかけたところ、はらいせに付き合っていたときに撮影された性的な動画や裸の写真をインターネットにばらまかれてしまうといった事件が増えています。2022年の警視庁《けいしちょう》の発表によると、全国の警察《けいさつ》に寄せられた「リベンジポルノ」の相談件数は１７２８件と、６年連続で過去最多だったことが発表されました。相談者のうちの27％が10代だったそうです。

――えっ、全体の四分の一も！

多いですよね。２０１４年にはリベンジポルノ防止法が施行《しこう》されていますが、恥ずかしかったり周囲にバレることを怖れて被害を訴《うった》えられていない人も数多くいると思います。「好きなら裸の写真を送って」「写真を送らないと◯◯を学校にバラすぞ」などと強要されても、決して送ってはいけません。はっきりと断りましょう。

――友だちのカップルがよくＳＮＳにふたりのデートの様子とかアップしているんだけど、見ているほうが「ここまで見せて大丈夫……？」って、ちょっと心配になる。

ＳＮＳの「カップルアカウント」は増えましたよね。ふたりがやりたくてやっているのなら止めませんが、かなりきわどい動画や写真をアップしているのを見ると、「デジタルタトゥー」という意味で、数十年先のことを考えると心配になります。後から削除《さくじょ》しても、インターネットのどこかには残ってしまう可能性がありますし、あるいは知らないところでスクリーンショットされているかもしれません。もし、裸の写真を送ってしまった場合、「送ったほうが悪い」ということは決してないので、ひとりでつらい気持ちをがまんしたり、自分を責めたりしないでくださいね。もし、インターネットにまつわるトラブルに巻き込まれた場合は、各相談窓口（223ページ）に相談してみてください。

9

好きになって付き合ったのに、どうして別れてしまうんだろう?

——付き合うって、楽しいこともあるけれど気をつけなきゃいけないこともあるし、先生が言うように、ふたりで話し合って決めないといけないことがいっぱいあるんだなって思った。

そうですね。恋愛はコミュニケーション。その醍醐味が「付き合う」という過程にはたくさんあると思います。

——でも、最初はとっても好きで、告白するまでにもいろいろ考えるのに、どうしてお別れすることもあるんだろう? 1週間で別れちゃった友だちとかもいて、「どうして?」って思う。

別れる理由は人それぞれですよね。お互いの価値観があわなかったり、いざ付き合ってみたら思っていた感じと違ったり。友だち期間が長いほうが別れない、というわけでもないですし、理由は千差万別《せんさばんべつ》だと感じます。人によっては、「付き合うよりも別れるほうが大変」という意見もありました。学生の中には、もう好きだという気持ちはないけれど「別れる方法がわからない」という理由で、何ヶ月もカップル関係を続けている人もいましたね。

――別れるって、どうやるのがふつうなの？

直接会って別れを伝える場合もあれば、電話やメールなど、対面せずに別れる人もいるようです。ＬＩＮＥでひと言「別れよう」と送られて、ブロックされてしまったケースも聞きました。

――わあ、それはつらい……！

そうですね。ただ、人によっては、先ほどお話しした「デートＤＶ」の被害にあい、相手に会うのが怖かったり暴力を振るわれる恐《おそ》れがあったりするなど、やむを得ず関係を断ち切らなければいけないケースもあります。告白しても相手と付き合えなかったり、別れることがうまくいかなかったりしたとき、場合によってはストーカー行為に発展してしまうことがあります。相手の所持品《しょじひん》を盗んだり、家まで追いかけたり、繰《く》り返《かえ》し電話をしたり……。警察の発表によると、ストーカー行為に関する相談件数は、２０１３年以降ずっと2万件を超《こ》えているそうです。10代の相談件数は少ないものの、年上の人が中高生をストーキングするなど、非常に怖いケースも報告されています。

——すごい怖いね……。

ストーカーは犯罪行為なので、不安な場合はすぐに警察に連絡をしましょう。そこで「うまく別れられなかった自分が悪い」と責める必要はありません。付き合っているときはお互いの気持ちを確認して、尊重しあうことが大切ですが、別れるときは「自分の意志」が大切になりますよね。あなたが相手から不当《ふとう》に傷つけられているとか、恐怖を感じているとき、お互いが納得して別れる必要はありませんんし、「別れるなら死ぬ」といった脅しの発言は、暴力に値《あたい》します。

——別れたいのに別れられないのって、すごく苦しいはずだよね。「死ぬ」なんて言われたら、好意がなくても同情してズルズルと付き合ってしまいそう。

相手が心配になってしまう気持ちもわかりますが、自分だって苦しいはず。別れると決めたら、相手に説明はしつつ、納得してもらえないのであれば連絡を絶つこともひとつの手段だと思います。ただ、単に「めんどうだから」といった理由で相手の連絡先やSNSをいきなりブロックすることは、一時的に楽な方法ではあるかもしれませんが、ブロックされた側はかなり傷つきますし、やったほうも傷つけた責任と記憶が残ると思います。

——ブロックする以外に、いい別れ方はないのかな?

なるべく対面で、お互いの気持ちを伝えたうえで別れられるのが理想ですよね。ただ、私が調査した若者たちは、みなさんいきなり別れを切り出すわけではないようでした。多くのかたは別れを「匂わせる」のだと言っていました。以前よりも冷たい態度をとったり、

ＬＩＮＥの既読《きどく》スルーをしたり、デートに誘われても「体調が悪い」、「忙しい」といった何かしらの理由をつけて断ったり。なかには、「絵文字を使うのをやめて、冷たさを演出する」、「漢字の『(笑)』ではなく『ｗ』に変えて、相手に雑な態度をとることで、冷めている気持ちを伝える」といった、高度な読み解きが必要な意思表示もありました。

――それは、気づけなくない？「ｗ」なんて読み飛ばしちゃいそうだよ！

別れたい気持ちを察してもらえないとつらい、という話もよく聞きました。やはり、別れを切り出すほうも「相手を傷つけてしまう」という事実によって、精神的に負担を感じます。なので、お互いに空気を読み合うことで、傷つけたり傷ついたりすることを極力避《さ》けるようにしているようです。クラスメイトや部活の仲間など、別れても近しいコミュニティに所属していて、関係を継続しなければならない場合、別れるときに「友だちに戻ろう」という約束を交わすことで、気まずくならないような配慮《はいりょ》をしていました。

――なんか……別れるって、大変なんだね。

そうですね。もう別れるから二度と会うことはないと思って、ひどい態度をとる人もいるのかもしれませんが、誰かを傷つけると、少なからず自分自身も傷つきます。なので、あなたを尊重してくれる相手なら、恋人どうしではなくなるとしても、最後までコミュニケーションをとることを欠かさないでほしいなと思います。ふたりで話せる静かな場所で、お互いの気持ちをきちんと伝えられるといいですよね。

第3章

恋愛は、私たちの社会とどうかかわっているの？

1 昔の恋愛はもっと自由だった？

そもそも、「恋愛」という概念《がいねん》はいつ、どこから来たのか、知っていますか？

――考えたこともなかった！　恋愛って、ずーっと昔からしているんじゃないの？　だってほら、『源氏物語《げんじものがたり》』とか『万葉集《まんようしゅう》』の恋の歌とか、授業で習ったよ。光源氏《ひかるげんじ》とか好きな人いっぱいいたし、既婚者《きこんしゃ》にも恋していたよね？

そうですね。和歌《わか》や物語などをはじめ、日本の古典文学にはたくさんの「恋」のストーリーが描かれていますよね。誰かに恋焦《こ》がれるといったような感情は、いまもその当時もあったはずです。しかし、これらの時代にはまだ「恋愛」という言葉はなく、代わりに「色《いろ》」や「恋」といった言葉で表現されていました。『源氏物語』は紫式部《むらさきしきぶ》が書いたフィクションですが、光源氏は天皇第二皇子《てんのうだいにおうじ》という身分の設定でした。実際に、執筆された当時は、天皇には何人もの妻がいて、妻の身分によって子どもの身分も左右されていました。ちなみに平安時代の初期、貴族は結婚しても夫婦は別居し、夫が妻を訪ねる「妻問婚《つまどいこん》」が主流でした。次第に夫が妻の家に同居する「婿入婚《むこいりこん》」が増え、平安後期には妻が夫の家に同居する「嫁入婚《よめいりこん》」が多く見られるようになったとか。

――へえ、昔は「恋愛」じゃなくて、「色」や「恋」って言われてたんだ。じゃあいつごろから、「恋愛」って言うようになったの？

日本で「恋愛」の概念が成立したのは明治時代

日本で「恋愛」という概念が成立したのは、1870年代のことです。260年以上も長く続いた江戸幕府《えどばくふ》が終わりを告げ、日本の近代化（＝文明開化《ぶんめいかいか》）が始まった明治時代、西洋からはたくさんの技術や文化、思想や制度などが輸入されました。その中で、「LOVEしたというのが」という単語もこの時代に日本に伝わり、「恋愛」と翻訳《ほんやく》されて「恋愛」概念が成立したというのが定説《ていせつ》です。しかし、「LOVE」の翻訳語としての「恋愛」は、性的要素の一切を排除《はいじょ》した高度に精神化された概念であり、明治・大正には一部の知識人《ちしきじん》の間でしか広まらず、農村地域の中では、まだまだ性的な自由さも残っていました。たとえば、夜這《よば》いといって、村の若者が女性の家に夜おとずれて、性的な関係を結ぶといった「自由交渉」もしばしばおこなわれていました。ただし、「自由交渉」とはいえ、乱交《らんこう》的なものではなく、若者組《わかものぐみ》や娘組《むすめぐみ》と呼ばれる村の若者たちによる組織の統制《とうせい》のもと、ルールに従って男女交際をおこない、婚姻《こんいん》に至るというような婚姻制度があったといえます。つまり、夜這いは結婚相手を見つける正当な手段として公認《こうにん》されていました。

――ええ〜、そうなんだ！　夜這いなんて嫌だけどなあ……この文化はいつなくなったんだろう。

いい質問ですね。前近代の村の性システムが廃止《はいし》されていくのにはいくつかの要因があったと考えられます。ひとつは、西欧人の目に野蛮《やばん》に見えることを恐れて、明治30年代以降に明治政府が若者組や娘組の解散を命じたこと。西欧諸国の規範の根底には、キリスト教の教えがあるので、結婚するまで性交渉をしない「純潔規範《じゅんけつきはん》」も重要な要素になっています。そしてもうひとつは、農村への貨幣《かへい》経済の導入によって、「遠方婚《えんぽうこん》」や戦略結婚など、それまで上層部に限られていた「見合い結婚」が農村にも広がったことです。「見合い結婚」が農村でも行われるようになると、娘の価値が高まり、それに伴《ともな》って処女《しょじょ》性や貞《てい》操《そう》観念が庶民《しょみん》の間にも広まっていきました。そして、後ほど説明しますが、家制度《いえせいど》の浸透《しんとう》によって、結婚相手は親が決めるものとなり、もともと存在していた農村における若者の性システムはだんだんと消滅《しょうめつ》していきました。*11

――自由だった恋愛だけど、だんだんとルールができてきたってこと？

そうですね。西欧の思想の輸入と明治政府による法の設置など、さまざまな要因を背景に日本の性や恋愛に関する規範意識は強くなっていったといえます。そして、そのような規範意識は、戦後の1960年代後半に見合い結婚に代わり恋愛結婚が台頭《たいとう》してもなお、しばらくは根強く残ります。むしろ、その当時の恋愛結婚を下支えしていたのは、「ロマンティックラブ・イデオロギー」という思想であったともいえます。

「愛」「性」「結婚」が結びつく「ロマンティックラブ・イデオロギー」

――イデオロギーって「考えかた」とか、そういう意味だよね。

「ロマンティックラブ・イデオロギー」とは、「愛」と「性」と「結婚」の3つを結びつけて考える意識体系のことです。恋愛によって結びついた男女が結婚して、子どもを産んで育《はぐく》みながら年を重ねていくのが〝恋愛の理想像〟ではないか、と提言《ていげん》したもの。つまり、逆説的に言えば、結婚をしない相手との恋愛は認められなかったのです。「ロマンティック・ラブ・イデオロギー」は徐々《じょじょ》にうすれてきている考えかたとはいえ、いまなお続く「恋愛のゴールは結婚である」といった価値観は、ここからきています。またあとで、くわしく説明しますね。

――でも、戦後に恋愛のルールとか秩序《ちつじょ》が広まったって考えると、わりと最近の話だよね？

そうですね。日本では伝統的な家族観や恋愛のしきたりを大事にしようとする規範意識が強いですが、恋愛も家族のありかたも、歴史上ずっと同じだったわけではありません。むしろ、近代以前の社会では、愛と性、結婚はそれぞれ分離したものだった。恋愛はきわめて個人的なもので、心や身体が惹かれる人と結びつく、わりと「情緒的《じょうちょ》」な行為だったといえます。一方、結婚は家柄や家どうしの結びつきなどが大きく関係してきます。もし、結婚相手にふさわしくない人に恋愛感情をもってしまうと、社会的な秩序が乱れる可能性があります。たとえば、「駆《か》け落《お》ち」なんかもそうですよね。大事な跡継《あとつ》ぎが、恋愛を優先して家を出て行ってしまっては、家系《かけい》の存続があやぶまれます。そこで、恋愛を「個人的」なものではなく「社会」にかかわる問題としてとらえる「ロマンティックラブ・イデオロギー」が広まっていったのだと考えられています。

2 恋愛した相手と結婚して、子どもをもつのが「ふつう」？

——戦前は、どんなふうに結婚する人が多かったの？

左ページのグラフは、お見合い結婚と恋愛結婚の構成比を示したものです。見てもらうとわかるように、お見合い結婚が一般的でした。しかし、ロマンティックラブ・イデオロギーが普及した１９６０年代後半を境に割合が下がり、恋愛結婚の割合が増えました。

——お見合い結婚は親が相手を決めるってことは、お互い好きな気持ちはないってこと？

たとえば幼なじみだったり家が近所だったり、以前から好意を寄せていた間柄も中には

恋愛結婚・見合い結婚の構成

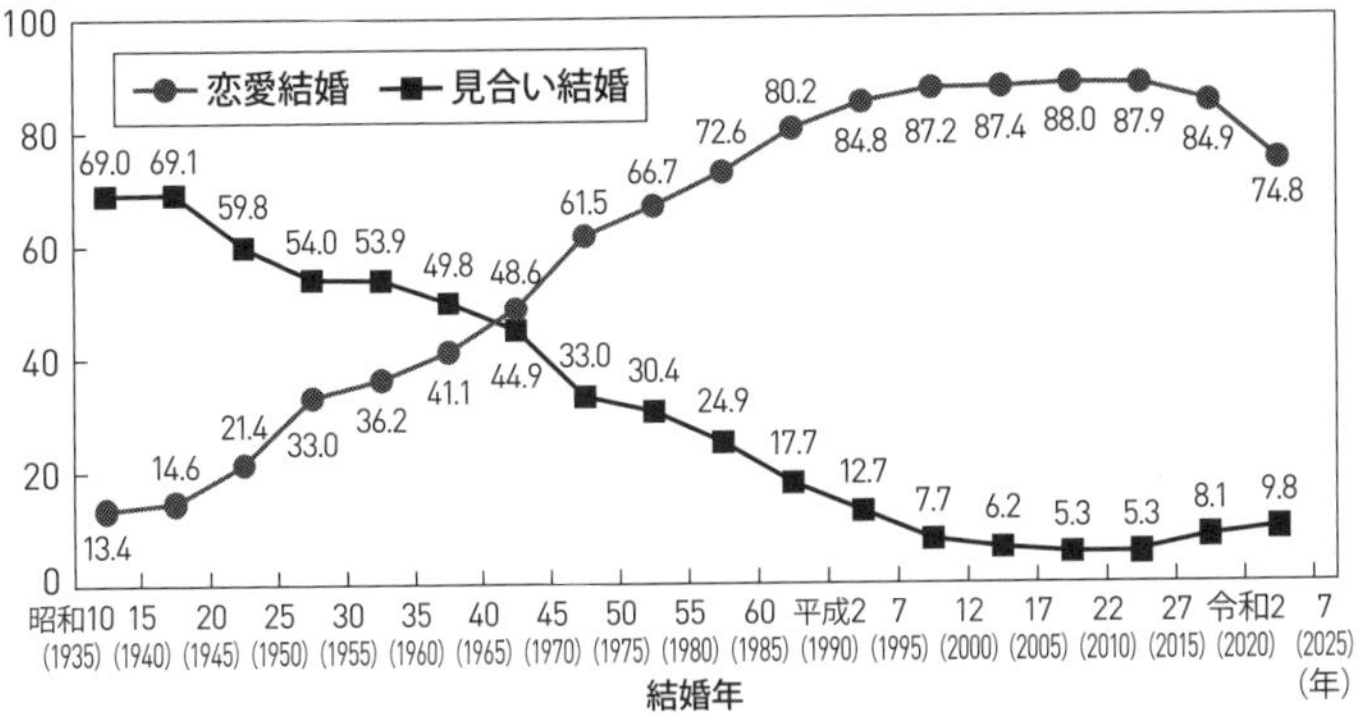

国立社会保障・人口問題研究所「2021年社会保障・人口問題基本調査　現代日本の結婚と出産（第16回出生動向基本調査報告書）」第Ⅱ部　夫婦調査の結果より作成

あったと思います。ですが、恋愛と結婚は切り離して考えていた人がほとんどだったのではないでしょうか。なぜお見合い結婚が一般的だったかというと、先ほども少し触れた「家制度」という、1898（明治31）年の明治民法で規定された家族制度が深くかかわっています。

――家制度ってなに？

家制度とは、戸籍を統制するルールのこと。「家」を単位としてひとつの戸籍をつくり、家長が戸主《こしゅ》となり、そこに所属する家族全員を統制する仕組みです。家長は「年長の男性」と決まっていて、絶対的な権力をもっていました。なので、自分たちの家系を存続、発展させるためにも、親どうしが決めた、身元がわかっている相手とお見合いをして、結婚をする。いまよりも「家どうしの結婚」という感覚が強かったため、たとえば「許嫁《いいなずけ》」のような状況が生まれるのです。それまでは結婚も離婚も比較的自由でしたが、家制度のもとでは離婚も難しくなります。個人の感情よりも大事なのは、「家」を継いでもらうこと。女性ならば男性の家に嫁ぎ、跡継ぎとなる息子を産み育て、子孫を残すことが使命だったのです。妻は夫の許可がなければ働くこともできず、土地の売買などの契約《けいやく》を結ぶこともできませんでした。

――ひどい！　親どうしで全部決めちゃうなんて。なんで、家単位で統制なんてするんだろう？

これは、時代的な背景もあります。明治時代は、日本が江戸時代の幕藩《ばくはん》体制から大きく変わり、諸外国との戦争に向かっていく時代でした。１８７１（明治４）年に戸籍制度がつくられますが、政府は、税金をあつめ、男性を兵隊として召集《しょうしゅう》するために戸籍で国民を管理したいと考えました。また、天皇を中心とした国づくりを進めていた当時の政府は、「戸主と家族」の関係を「天皇と国民」になぞらえ、天皇主権《しゅけん》を浸透させようとしたのです。

家を継ぐことが重要視された戦前の「家制度」

しかし、現在の日本国憲法が戦後の１９４６年に公布され、結婚に関する制度は大きく変わりました。それが、憲法24条1項の「婚姻は、両性の合意のみに基いて成立し、夫婦が同等の権利を有《ゆう》することを基本として、相互《そうご》の協力により、維持《いじ》されなければならない」と明記された部分ですね。新しい憲法では、結婚は戸主の同意が不要で、本人どうしの意思のみでできるようになりました。１９４７年には民法も改正され、家制度が廃止されて、財産や相続《そうぞく》に関する法律についても、「男女平等」と「個人の尊重」の理念に沿ってつくられることになったんです。

――いまなら当たり前に思えるようなことも、戦後にようやく認められたんだね。

はい。そうした家族制度、婚姻制度の変化と関係しながら、だんだんと恋愛文化も変容していきます。そして、先ほどお話ししたように１９６０年代以降に「ロマンティックラブ・イデオロギー」という概念が一般人にも広まると、「恋愛をしたらその相手と結婚し、子どもをもたなければいけない」「恋愛のゴールは結婚である」と考えられるようになりました。つまり、男女の恋愛は結婚を前提にしていたのです。

――先生の調査でも、「ほんとうの恋愛」をしていると感じているのは、結婚したいと思える人と付き合っている人だって言っていたもんね。

結婚相手にふさわしい人と恋愛をすることこそ「真の恋愛だ」という価値観は、意外にも未だに根強く残っているのかもしれませんね。同時に、「ほんとうに好きな人と結婚することが幸せには不可欠《ふかけつ》である」という信仰が、若者に結婚を延期する選択をうながし、未婚化に拍車《はくしゃ》をかけているという指摘《してき》もあります。いま、みなさんに付き合っている人がいたとして、将来、相手と結婚することまで考えられますか？

――うーん、それは難しいかな……。でも、「彼と結婚したい！」って言っている同年代の子もいるから、好きな人と結婚するっていうのにあこがれている子は多いのかなって思う。

恋愛結婚へのあこがれですよね。ただ、恋愛結婚といっても中身は時代を追うごとに変化しています。社会学者の山田昌弘さんは、１９７０年ごろまでは「恋愛したら結婚すべきであり、結婚しない恋愛感情は偽物《にせもの》であるという観念だった。そのため、交際しはじめるには、結婚するという覚悟《かくご》が必要だった」と考察されています。

――じゃあ、気軽に「付き合おう」なんて言えないね。

恋愛に対する意識が変化したのが、1970年代前後だったといわれています。デート文化が花開き、食事に行ったり遊びに出かけたり、異性間の交流が増えたのもこのころ。青少年の「不純異性交遊《ふじゅんいせいこうゆう》」などの言葉が話題になり、性の乱れが社会的に問題視されるようになりました。1971年には、総理府《そうりふ》（当時）が15歳から24歳の若者を対象に、全国的に性に関する意識調査をおこなうほど。先ほどキリスト教における「純潔主義」について話ししましたが、日本でも「お嫁《よめ》に行けない」というセリフがあったように、結婚するまで性行為はタブーであるといった規範意識がありました。しかし70年代後半ごろから、結婚を前提としない性的な関心の高まりがみられるようになったのです。

――恋愛をしたら、その人と絶対に結婚しなくちゃいけないって感じではなくなったんだね。

そうですね。もちろん、結婚に結びつかない性行動をタブー視する人は当時もいましたが、70年代以降のキス経験率の高まりからも、恋愛＝結婚という結びつきは弱まってきたと考えられます。[12] かつて日本は「みんなが結婚して家庭をもつのが当たり前」という皆婚《かいこん》主義でしたが、それはロマンティックラブ・イデオロギーが導いたものです。１９８０年代にはそうした価値観にも揺らぎが生じるようになり、恋愛至上主義の時代へ。80年代～90年代に青春時代を過ごした大人たちは、「誰もが恋愛をして当然」という価値観が多かったといいます。

――お母さんに聞いたことがある。「恋愛しない人は変わり者」って言われるくらい、みんな恋愛がいちばんだったって。

90年代は、10代の女性の性行動が活発化した時期でもあります。日本性教育協会のデータ[13]によると、１９９３年の調査では女子高生の性交経験率は前回８・７％から15・７％へと増加し、１９９９年には23・７％へと増加しています。女子高生たちの間で援助交際《えんじょこうさい》や、使用済み下着を売る「ブルセラ」がブームになるなど、金銭を介した「性の商品化」が社会問題化しました。彼女たちのパートナーが、かなり年長《ねんちょう》の男性であったことも指摘されています。それまでは統計を見ても、男性のほうが性交経験率が高く推移《すいい》していますが、90年代には女子高生の性経験率が男子高生を上回り始めます。その背景に、性の商品化があったのではと言われています。

――ええっ……危なくないの？　なんで90年代に性への関心が高くなったんだろう？

70年代以降の恋愛や性行動の自由度の高まりの背景には、避妊技術の発達や性規範意識の揺らぎがあったと思いますが、90年代における「ブルセラ」や「援助交際」などの社会問題は、週刊誌やテレビなどのマスコミが「女子高生」や「ギャル」を性の対象として報道したことにより、彼女たちの市場価値を高め、ブーム化していったともいえます。

若い人たちの恋愛行動は、時代とともにさらに変わっていきます。80年代〜90年代が恋愛至上主義だとすれば、そこから「セックスフレンド（セフレ）」や「友だち以上恋人未満」といった、性と恋愛を切り離して考える風潮が出てきます。そして、2000年以降に「草食系男子」という言葉が生まれ、恋愛が停滞《ていたい》していく時期に入っていきます。

――どうして恋愛が停滞しちゃったんだろう。

90年代は10代女性の性行動が活発に

少し難しい話ですが、実は恋愛と経済状況は、密接にかかわっているんです。日本では「バブル経済」といわれる好景気が90年代はじめに崩壊《ほうかい》しますが、とはいえ当時は若い人も比較的お金があり、高級な食事をしたり旅行に行ったり、恋人との時間にお金を使うことができました。ですが、その後不況《ふきょう》の時代が長く続くと、交際費に使えるお金は限られてきます。また、趣味産業が充実し、恋愛以外にもさまざまな楽しみが増えて、自分の好きなことに時間やお金を使って毎日が楽しければそれでいい、という人が増えたのではないでしょうか。あとは、インターネットの登場による情報過多という側面もあり、リアルな恋愛を求めない人もあらわれました。２０２１年の国立社会保障・人口問題研究所による「第16回出生動向基本調査・独身者調査」によると、18歳から34歳の未婚者のうち、恋人または婚約者がいるのは、男性だと21・１％、女性だと27・８％でした。そして、異性の交際相手をもたない未婚者は男女で７割前後に及び、そのうち２人に１人は「特に異性との交際を望んでいない」と回答していて、いずれも前回調査（２０１５年）よりも増加していることがあきらかになりました。

――交際していない人も、交際したいと思っていない人の割合も増えているんだね。

えーと、いったん整理すると、戦後から1960年代のロマンティックラブ・イデオロギー、1990年代の恋愛至上主義、からの停滞……。ものすごいスピードで恋愛の価値観が変わったんだね。

そうですね。国家のありかたや、法律などの制度、経済状況とかかわりながら、恋愛や結婚の価値観はそのときどきで変化してきたということですね。

——でも、恋愛＝結婚じゃなくても、「結婚したらゴール」って感じはまだあるよね。恋愛マンガを読んでいると、主人公が中学生とか高校生のときからずっと付き合っていて、いろいろあっても最後は「結婚する」のがハッピーエンドになってるもん。

恋愛の自由度は高まっていても、婚姻制度自体は戦後の民法改正から変わっていませんし、のちほどまた触れますが、結婚に代わる制度などの選択肢もあまり増えていません。近年の調査でも、交際率は低い一方で、依然として結婚願望は強いことがあきらかになっています。なので、恋愛は自由に楽しむし、結婚を考えない人とも若いうちからお付き合いをするけれど、最終的には結婚に着地するために関係性を調整している人が多い印象ですね。こんなデータがあります。70年代は出会ってから結婚までの期間が短く、お見合い結婚の場合は出会いから結婚まで約7ヶ月、恋愛結婚の場合は2年弱ほどでしたが、現在は晩婚化《ばんこんか》（結婚年齢が高くなること）の影響もあり、付き合ってから結婚まで、平均4年3ヶ月くらいになっています[*14]。

——結婚だけが幸せじゃないのかなって思うけど、子どもはいたら楽しいのかなって思うことはあるなあ。

経済状況が悪化すると結婚率も下がる？

先ほど、恋愛と経済状況が密接にかかわっているという話をしましたね。結婚も経済と深くかかわっています。たとえば、少子化や結婚率の低下も、経済状況の悪化がひとつの原因だと考えられます。夫婦ふたりだけなら共働きでどうにかやっていけるかもしれませんが、子どもがいる場合は出産にまつわる費用をはじめ、成人するまでの養育費《よういくひ》がかかります。最近では大学など高等教育の費用が高騰《こうとう》していることからも、経済状況が悪いと子どもがつくりづらくなり、結婚率も低くなります。ですが、これはヨーロッパの流れとはまったく異なります。ヨーロッパは経済状況が悪化したからこそ、いわゆる「近代家族」を形成できない若者たちの間で、法律婚に限定されない多様なパートナーシップが広まっていきました。

――そうなんだ！

経済状況が悪化したからこそ、お互いに助け合わなければいけませんよね。ひとりで生きていくのは大変ですが、家賃や光熱費をシェアすれば少しは楽になります。その過程で事実婚《じじつこん》は法律婚と同等の市民権を獲得《かくとく》していきました。法律婚に限らない「家族」のありかたの受容があったからこそ、同性婚の法制化も世界の中でもヨーロッパにおいていち早く進んだのだと思います。

一方で、日本では「子どもは結婚している夫婦のもと生まれるべきだ」という嫡出規範《ちゃくしゅつきはん》が強いので、「結婚をしないと子どもを産めない」と考える人が多く、そうすると少子化はますます進んでいきます。実際に、婚外子《こんがいし》（結婚しないで生まれた子ども）の割合も、先進国の中では非常に低いのです。日本は家族に対する規範意識も強いのですが、先ほどもお話ししたように、いまも日本人の価値観に影響をおよぼしている「家制度」は明治以降につくられたもので、長い歴史があったわけではありません。恋愛と結婚は別のものと考えられるようになったことで自由度は高まりましたが、ドラマティックな恋愛から結婚することこそが幸せだと思っている人も少なくないでしょう。しかし、欧州の事例のように、今後は多様なパートナーシップも広まっていくのではないでしょうか。

知っておきたい避妊のこと

避妊の基本は「コンドーム」。最近では「低用量ピル」も普及してきました。

コンドーム……セックスの際にペニスにつけるもの。メリットは性器へ直接触れないようにすることで、避妊だけでなく性感染症の予防もできること、手軽に購入できること。デメリットは破れたり外れたりすることによる避妊失敗率が高く、正しい使い方を学ぶ必要があるということ。

低用量ピル……女性ホルモンの作用により、排卵《はいらん》を抑えられる避妊薬。生理不順で悩んでいる人も対象となり、中学生から服用できる。避妊失敗率が低く、女性の意志で避妊できる。デメリットは規則正しく飲む必要があること、婦人科での受診が必須《ひっす》で費用がかかること。

確実に避妊するためには、コンドームとピルの併用がおすすめ。

中絶について

日本では妊娠12週未満は初期中絶とよばれ、手術が行われます。12週以降の中期中絶は手術ではなく出産というかたちで、処置されます。予期せぬ妊娠、望まない妊娠に関する相談は、巻末の「相談先」を参照してください。

3 日本では同性どうしの結婚が認められていないのはどうして？

多様なパートナーシップというお話をしましたが、私が話してきた日本の婚姻制度は「異性間」を前提にしたものになります。ロマンティックラブ・イデオロギーでは、男女が付き合って結婚をして子どもをつくる、愛と性と結婚の3つが結びついた状態がよしとされていましたから、異性間以外については、長らく議論されてきませんでした。

――そうなんだ……最近、ニュースで同性婚の話題をよくみるけれど、つまりそれって日本では認められていないってことだよね？

いまのところは、日本では法律上の性別が同じふたりは結婚ができません（2024年2月現在）。

――でも、異性どうしでも結婚していない人は増えているわけだし、結婚しなくてもお互いが好きならそれでいいんじゃないのかな？

異性間では結婚するかしないか、事実婚を選ぶかなどをカップルで話し合って、ふたりにとってベストな関係性を結ぶことができます。ですが、同性間では自分たちに選択権がない状況ですし、結婚をしていないと社会的に認められないことがたくさんあるんです。

――たとえばどんなこと？

たとえば、パートナーが病気や怪我《けが》で病院に運ばれてしまったとき。結婚をしていれば家族として医者から話を聞いたり、そばで看病したりすることができます。しかし、同性どうしだと「法律上の家族ではない」という理由から、病院に断られてしまうケースがあったり、遠方の家族を呼び寄せるよう説得されたりすることも。

――ええ！ 緊急事態《きんきゅうじたい》なのに、なんでダメなの？！

ほんとうですよね。ほかにも「相続権」がないので、パートナーが亡くなったとき、あらかじめ遺言《ゆいごん》を残しておかないと、まったく相続ができません。もし、仮にパートナーが持っている家に住んでいたとして、急死してしまったら家を追い出されることになってしまう。たとえふたりで子育てをしていても、同性どうしでは「共同親権《しんけん》」も認められないので、もし親権をもつ側が亡くなると、残された親は子どもと住むことができません。外国人のパートナーがいる場合は、異性間であれば日本人の結婚相手として日本にいる永《えい》住権《じゅうけん》の資格をもらえますが、同性どうしの場合は資格をもらうことができません。そのため、同性婚が認められている海外の国へ移住するカップルもいます。

――異性どうしなら当たり前に認められてることが、当たり前じゃないんだね。どれも、すごく大事なことなのに、ほとんど権利がないんだって思うと悲しくなってきた……。でも、なんで日本では同性婚は認められていないの？

さまざまな理由がありますが、これは、日本国憲法の解釈《かいしゃく》によるものだと議論されています。憲法24条1項が「婚姻は、両性の合意のみに基いて成立し、夫婦が同等の権利を有することを基本として、相互の協力により、維持されなければならない」と定めていることから、同性婚を認めるためには憲法改正が必要だという意見があるのです。

——え……どういうこと？　どうしてこの憲法を改正しないと、同性婚が認められないの？

「両性の合意」という言葉のところですね。両性、つまり男と女の異性どうしが合意してこそ婚姻が成立するという文面になっていることから、同性どうしの婚姻関係を想定してつくられているものではない、というのが政府の見解です。しかし、２０１５年と２０１９年におこなわれた全国意識調査[*15]では、同性婚の法制化を認めるべきだという意見は２０１９年のほうが大きくなっています。賛成派の割合は、全体で51・２％から64・８％まで増加しました。この結果を20代の若い層にしぼって見てみると、83・８％もの人々が賛成と回答しているんです。

——若い人たちはほとんど賛成なんだ！

世界の同性婚の状況についてもお話しすると、G7（主要国首脳会議）メンバーであるアメリカ、イギリス、フランス、ドイツ、イタリア、カナダ、日本のうち、同性婚が認められていないのは日本のみです。

――世界では同性婚が当たり前ってこと？

広まってきている状況ですね。2001年に、オランダが世界ではじめて法律上の同性婚を認めました。現在ではヨーロッパ、南北アメリカ、オセアニアなど、36の国と地域で同性婚が認められています（2024年2月時点）。アジアでは2019年に、台湾がはじめて同性婚ができるように特別法が制定、施行されました。

――日本もこれだけ賛成している人が多いのに、どうして認められないんだろう。海外でいろんなパートナーシップ制度が生まれたのは、どうしてなの？

男女平等の達成度を示す「ジェンダーギャップ指数2023」で、日本は前年から9ランクダウンして146カ国中125位でした。政治分野は138位、経済分野は123位

G7のうち同性婚が
認めてられていないのは日本だけ

と世界でも最低クラスです。いくら男女平等がうたわれていても、男女の社会的な地位の違いが、恋愛や婚姻にも影響しているのではないかと思います。経済的理由から、異性婚を選択した女性もいるでしょう。根強く残っている男女の経済格差によって権力関係が生まれ、必然的に女性は家事をして男性は働きに出てという、固定的な性的役割分業が発生します。世界的に見ても、日本の夫婦は妻が育児や家事を担う割合が、夫にくらべ非常に高いのです。日本ではそうした性別役割をまっとうすることで家族関係が安定すると考えている人や、「男女の夫婦のもとで育てられるのが子どもにとって一番よい」と考える人もまだまだ多いのですが、海外では同性カップルが子育てしているケースは決してめずらしくありません。夫婦や家族のかたちが日本にくらべて多様なヨーロッパでは、それぞれの価値観にあったパートナーシップ制度が求められるのだと思います。

――同性どうしでも、異性と同じように権利があってほしいな。いざってときに、パートナーのことを助けられないのは悲しいもん……。

ちなみに、日本におけるパートナーシップ制度が具体的にどんなものかは知っていますか?

――うーん、地元の市役所のポスターとかで見たことはある気がするけど、よく知らないなぁ。

日本では2015年に、東京の渋谷区と世田谷区で、同性カップルを自治体が証明したり、宣誓《せんせい》を受け付けたりできるパートナーシップ制度が生まれました。徐々に制度が広がり、現在では300を超える自治体で施行されています。

――そうなんだ！　っていうことは、憲法を改正しなくても、結婚みたいな関係になれるってこと？

残念ながら、それは違います。パートナーシップ制度は国が定めた法律ではないので、婚姻制度で「認められている」ことがパートナーシップ制度では「認められていない」ものもあるんです。たとえば、相続権や共同親権、税制の優遇《ゆうぐう》、移住ビザは認められません。近年では、「同性どうしの婚姻を認めないのは憲法違反だ」として、同性カップルが国を訴えた裁判で、地方裁判所が「違憲《いけん》」とする判決も出てきています。

——なるほど。同性婚、はやく実現してほしいな。

最近では、同性婚の実現に向けて、同じ思いをもった人たちがＳＮＳで署名活動をしたり、国会議員に意見を送ったりする人もいます。同性カップルの当事者はどんなことに困っているのか、いろいろな意見を聞いたり、自分でも調べてみたり、友だちどうしや授業で話し合うのもいいですよね。

4 たったひとりだけを愛さなければいけないの？

――でも、同性でも異性でも、たったひとりの結婚相手をみつけるのって大変だよね。「この人となら一生添《そ》い遂《と》げられる」って、どうしたら決められるんだろう。

難しいですよね……でも、どうしてパートナーが「たったひとり」と決まっているのでしょう？

――ええ～、だって結婚できるのはひとりだけでしょ？　恋人もひとりだけだし、何人も付き合っている人がいたら浮気《うわき》になるよね。不倫《ふりん》とか浮気とか、私は絶対に嫌だなあ。

日本は一夫一婦制《いっぷいっぷせい》なので、たったひとりを結婚相手に決めることが「当たり前」とされています。法律的にはたしかにそうですし、「運命の人」なんて言葉があるように、お互いに一生愛し合える人がいることが理想とされていますよね。ですが、そうした恋愛に関する「当たり前」に苦しんでいる人も、なかにはいるんです。

複数の愛を生きる「ポリアモリー」

――好きな人をひとりに決められないとか、そういうこと？

既存《きそん》の婚姻関係に疑問をもっていたり、ひとりに依存《いぞん》したり拘束《こうそく》されたりするのが嫌な人も。さまざまな理由から、複数のパートナーと親密な関係を築く人たちを「ポリアモリー」とよびます。ポリアモリーとは、ギリシア語の「複数（poly）」と「愛（amor）」に由来した造語で、日本語では「複数愛《ふくすうあい》」といいます。

――複数の人を好きになるって、それって浮気じゃないの？

ポリアモリーの場合は、別の人と交際していることを隠して付き合うわけではありません。複数の人と交際することについて、全員の合意を得ることがマストとされています。

合意を得たうえで、それぞれと誠実な関係を結んでいるというのが、浮気との大きな違いです。

——全員の合意！　たとえば付き合っている人から、「あなたのほかにも好きな子ができたから、その子とも付き合いたい」って言われるってこと……？

そういうケースもあるかもしれませんね。告白をしたタイミングなのか、付き合っている途中なのか、打ち明けられるタイミングは人それぞれですが、多くのポリアモリーは自分自身の性的指向を好きになった人に事前に伝えたうえで、同意を得られた人とだけお付き合いをしているようです。たしかに、一夫一婦制である日本社会では、「何人もの人とお付き合いするなんて、不誠実ではないか」という価値観をもっている人は多いかもしれませんが、また別の価値観もあるということです。

——日本だと、芸能人の浮気や不倫してたことが報道されると、すごくバッシングされるよね。でも、どうしてひとりの人に決められないんだろう？　いろんな人とデートしたいとか、飽《あ》きっぽいとか、そういうこと？

ポリアモリーの人にとっては、複数の人を好きになる＝浮気性だとか、性に奔放《ほんぽう》だとか、そういうことではありません。身体のつながりを求める人もいますが、まったく求めない人もいるようです。ポリアモリーの哲学《てつがく》として、「愛することと、所有することは異なる」という考えがあります。元恋人や両親などから激しい束縛を受けた経験からひとりに依存するのが怖い人や、セックスレスだけど関係を継続したい夫婦がポリアモリーになるなど、さまざまな理由があります。たしかに、たったひとりに頼って関係を構築することは、破綻《はたん》したときの恐怖がつきものです。大切な関係性がいくつか構築されていると、そのときどきで自分の安心を得られるのではないかと想像します。ポリアモリーの人たちも、自分自身の性的指向について悩み、葛藤《かっとう》したうえでたどり着いた答えなのではないでしょうか。一方で、恋愛や家族に関する規範意識が強くある日本社会においては、ポリアモリーの人たちはまだまだ誤解されることも多いようです。

——たしかに、友だちだったら、大切な人が何人もいるもんね。恋人はひとりに決めなきゃいけないって思ってたけれど。

恋人をたったひとりに決めて付き合わなければいけないというルールがあるわけではありません。ただ、隠して複数人と付き合うことは、まさに不誠実といわれますよね。同意を得たうえで複数人と付き合う、ポリアモリーという人たちもいることを知っておいてもらえると、また恋愛に対する価値観が多様になっていくように思います。

5

ほかの国ではどんなふうに恋愛をしているんだろう？

——海外ではいろんなパートナーシップ制度があったり、一夫多妻制《いっぷたさいせい》の国もあるって聞いたことがある。恋愛や結婚に関する状況は、日本とぜんぜん違いそうだね。

そうですね。世界各国にはさまざまな婚姻関係があります。たとえばスウェーデンでは「サンボ法」という、同棲《どうせい》している人に対して、婚姻している夫婦と同じ権利や保護が与えられる法律があります。日本では、同棲は結婚として認められませんが、スウェーデンでは届け出をすることでサンボであるとみなされ、別れる場合でも住居や家財《かざい》を平等に分けることができます。これは、社会的に弱い立場にいる人を守るためにできた法律なんだそうです。「セルボ制度」といって、家族であっても別々に暮らしている関係性も認められています。

――夫婦や家族についての法律や制度も、いろいろあるんだね。

フランスは「ユニオン・リーブル」とよばれる事実婚が主流で、くわえて「PACS《パックス》」とよばれるパートナーシップ制度があります。結婚していなくても、法律婚とほぼ同等の権利が与えられる制度です。もともとは法律婚が認められていなかった同性カップルのために生まれた制度でしたが、現在では男女のカップルでもPACSを利用しています。

ほかにも、アフリカ大陸では一夫多妻制を認めている国がありますね。イスラム教徒の多い西アフリカでは一夫多妻制を認めている国が多く、キリスト教徒が多い東アフリカや南部アフリカでは相対的に少ないことから、宗教も要因の一つといわれていますが、国によってはイスラム教徒であっても一夫多妻制に制限があったり、禁じている場合もあります。実際には、法的に一夫多妻制が認められてはいても、一部の裕福《ゆうふく》な人を除いて、複数の妻をもつ男性は非常に少ないそうです。

――お付き合いの仕方とかも、世界によって違うのかな？

告白のパートでも少し触れましたが、たとえば告白ひとつとっても、日本は告白をしてから付き合うという段階を踏む人がほとんどですが、海外では自然な流れで付き合う人が多い。告白は日本独特の文化だと言われています。ヨーロッパの友人に以前聞いたのですが、むしろ告白は「めんどうなもの」だと思われていて、ボディタッチをしたりハグをしたり、学校から一緒に帰ったり、積極的にスキンシップとコミュニケーションをとることで、自然と付き合う関係に発展するそうです。

――両思いかどうかわからないのに、積極的にスキンシップをとるなんて、さすが海外……！ 日本人は奥手《おくて》なのかなぁ。

もちろん海外の場合も、性的同意をとることは大事ですよ。一方で、地域によっては恋愛に対する制限が厳しくあり、日本よりももっと保守的《ほしゅてき》な国もあります。たとえばインドは恋愛に厳しい国。十代で恋愛をすることがよく思われておらず、学校も男子校と女子校に分かれているところがほとんどです。また、恋愛結婚も広まってきているとはいえ、お見合い結婚がほとんどを占めています。おとなりの中国では「恋愛は勉強の邪魔《じゃま》」と考えられており、小中学校では学校が生徒の恋愛を禁止しているケースがほとんどです。

――学校の校則で決まっているの⁉

大人になるまで恋愛禁止、という感覚が強いようですね。また、宗教によって恋愛のルールが厳しく定められている地域も。イスラム教では、結婚前の性交渉は許されていません。結婚をしていない男女が一緒に過ごすこと自体が望ましくないとされ、デートすることも難しいそうです。

――それは厳しい……。あと、韓国ドラマとかみていると、すごい頻繁《ひんぱん》に連絡をとっていて日本よりも情熱的というか、ちょっと束縛が強そうだなあって思う。

韓国は日本にくらべて、電話やデートの回数が多い印象がありますよね。ただ、韓国の学生は「恋愛に割《さ》く時間がない」と言われるほど受験重視で、いい大学に行くために恋愛禁止にしている学校もあると言われています。このあたりは中国と似ていますね。日本の進学校でも、そうしたルールを設けている学校が一部あるようです。

――たしかに、恋愛に夢中になると成績が下がる、なんて感覚はあるかもね。あと、スポーツの強豪校《きょうごう》だと、部活で恋愛禁止のところもあるって聞いたことがある。校則や部活内のルールで恋愛を禁止するなんて、逆に盛り上がっちゃう気もするけど……。

隠れてお付き合いする人もいるかもしれませんよね。ユニークな恋愛でいうと、ブラジルでは、友だち関係から恋人どうしになるまでに5つのステップがあるそうです。友だちと恋人のあいだに「友だち以上恋人未満」をさす「フィカンチ」という関係性があり、デートを重ねてなんとなくいい関係になったふたりが、お試し期間としてスキンシップをとり、真剣《しんけん》な恋愛感情をもったら恋人どうしになるそうです。

おなじくアメリカも、恋人になる前に「デーティング」といってお試し期間を設け、ほかにも気になる人がいれば何人かとデーティングを重ねて、真剣に付き合いたい人を見極めるのだそうです。

――へえ！　恋愛に関してルールが厳しい国もあればオープンな国もあって、それぞれ文化が違って面白いね。

面白いですよね。恋愛は感情に基づく行為でありながら、社会の制度や規範に大いに影響を受けているということがわかりますよね。

6

マンガや映画は異性どうしの恋愛ばっかりなのは、どうしてだろう？

マンガがお好きと話されていましたが、これまで、異性カップルの恋愛だけでない「多様な性のありかた」が描かれている作品を読まれたことはありますか？　たとえば同性どうしの恋愛だったり、好きという気持ちがわからない人が主人公だったり。

――聞かれてみると、パッと思いつかないかも……。私が読んでいる恋愛マンガのほとんどが、男の子と女の子がくっつく物語ばっかり。ＢＬを好きな友だちもいるけれど、私はあんまり読まないかな。

男性どうしの恋愛・性愛を描いたフィクション作品のジャンルである「ＢＬ（ボーイズラブ）」は、最近とても注目をあつめていますよね。マンガや小説がドラマ化されたり映画化されたり、大きなヒットをよんだ作品もあります。たしかに、同性愛に対する偏見が以前よりもなくなってきていることを示す社会的な傾向もヒットの背景にあるとは思いますが、あくまでも「フィクション」ですから、作品によってはリアルな同性愛者の経験とはかけ離れていることもあります。セクシュアルマイノリティ当事者の中には、「BL」はあくまでエンターテイメントであり、LGBTQ+当事者に向けた作品とは区別して考えている、という人もいます。BLだから「多様な恋愛」が描かれているかというと、また議論が必要だと思います。また、男性どうしの恋愛を描いた作品と比較すると、レズビアンやトランスジェンダーの恋愛を描いた作品が非常に少ない点も指摘されています。

――ドラマや映画、小説で考えてみても……だいたい男の子と女の子が恋をして、付き合って、トラブルを乗り越えて結婚するって物語ばっかりだ。どうしてなんだろう？

多くの恋愛物語で男女のロマンスしか描かれてこなかった、そこには、「異性愛規範」が大きくかかわっています。

フィクションの背景にある「異性愛規範」

――また「規範」だね。異性愛規範ってなに?

世の中には男と女のどちらかしか存在せず、恋愛や性行為、結婚は男女間でおこなうべきものであるという思い込みのことです。男女で恋愛することが当たり前で、そうではない関係は描かれない、描かれても、メインストリーム(主流)では取り上げられない、といった歴史が、長く続いてきました。

――男の子と女の子が恋愛をするのが、みんな当たり前だと思っているんだ。

もちろん昔から、同性愛者やトランスジェンダー、アセクシュアル、アロマンティックにあたる人など、さまざまな性自認、性的指向をもつひとたちは存在していました。しかし、社会の根強い偏見や、法律により同性愛が罰《ばっ》せられた時代もあり、たとえ自身の性的指向を自覚していても、それを周囲にカミングアウトしたり、あるいは作品のテーマとすることは、いまよりさらに困難だったと思います。社会の変化とともに、そうした状況も少しずつ変わっていき、異性間の恋愛だけでなく、多様な恋愛や、親密さのかたちにスポットが当てられた作品も増えてきました。一方で、いまもなお恋愛物語の多数を占めるのは異性愛、という事実もあります。中高生向けの少女マンガはとくにその傾向が強いですよね。

——そうだね。言われてみれば、主人公も、主人公が好きになる相手も、ライバルとか、ほかの登場人物も異性愛者なことが多い気がする。言われるまで気に留めていなかったけど……。

たとえ親密な同性どうしの関係が描かれていたとしても、それは強い友情や絆《きずな》で結びついているだけで、恋愛関係とはみなされないことも多いですよね。そこには、無意識のバイアス（先入観）があるのではないかと思います。異性愛者の読者であれば、そうしたキャラクター設定や、物語の展開に疑問ももたずに読んでいる人がほとんどだと思います。ですが、そうした物語に居場所を見つけられず、息苦しさを抱えている人もいますよね。

——うん、自分と似たようなキャラが登場すると、共感したり、感情移入したり、励《はげ》まされたりするもん。そういうキャラが見つけられないのは、苦しいよね……。

そうですね。男女の恋愛こそが唯一《ゆいいつ》の幸せ、というわけではありません。同性どうしで恋をする人、恋愛以外の楽しいことに夢中になる人だっていますし、恋愛ではないかたちで、大切な関係が育まれることだってあります。一歩引いて、「当たり前」をうたがってみると、また物語のとらえかたも違ってくるでしょう。これから、もっともっと多様な作品が生まれてくることを期待します。

7 モテたいって気持ちは、おかしい？

――ふと思ったけど、私の周りで現実の恋バナをしている人って、実はそんなに多くないかもしれない。推しとかアイドルとかマンガとかドラマとか、趣味の話のほうが盛り上がって、恋愛の話をするのって、ちょっと恥ずかしいんだよね。

そうなんですね。恋愛の話をするのは消極的でも、「モテたいな」とか「あの人から好かれたいな」と思うことはありますか？

――ええ～！　わかんないけど……ちょっとは思うかな。でも、告白されたこともないし、連絡先を聞かれることもほとんどないし……。たくさんの人から誘われたり、告白されることを「モテる」って言うんでしょ？

一般的に、「モテる」とは周囲から好意を寄せられたり、ちやほやされたりする状態のことをさします。もともと江戸時代の吉原遊郭《よしわらゆうかく》で使われていた言葉が由来になったといわれていて、遊女《ゆうじょ》たちから持てはやされる男性のことを「持てる（モテる）」と呼んでいたようです。モテることは「その人の価値」や「承認欲求《しょうにんよっきゅう》」を満たすものであり、たとえば女性が男性から告白してもらおうと受け身の姿勢をとるのは、「男性を立てる」意味があるのと同時に、「男性から告白される女性である」という、女性としての「価値（モテ）」を再認識するために重要なことなのでしょう。私の研究でも、自身の「モテ」を認識したいがために、相手からの告白を待つ人が何人もいましたね。とくに「恋愛至上主義」とされた時代には、モテることに非常に高い価値がおかれていて、「モテる＝勝ち組」のような価値観があったと思います。雑誌でも「これが異性にモテる服／髪型／しぐさ」といった特集が組まれたりしたものです。いまはそういった価値観から、少し変わってきたのかな？　とは思いますが。

――でも、モテる＝勝ち組みたいな感じは、いまもあるよ。「モテたい」って大声で言っている子もいるし、モテることを自慢する子もいるし。モテるって、やっぱりうれ

しいことなのかな？

「モテたい」という気持ちには、他人からの関心を集めたいという「承認欲求」が強くかかわっていると思います。「モテる」ことで、人として価値があると認められたと感じ、自信につながることもあるでしょう。「モテたい」という気持ちから何か新しいことにチャレンジしたり、大きなことを成し遂げたり、思い切ってイメチェンしてみたり、ポジティブな側面もあります。一方で、不特定多数の人から好意を寄せられることで、思わぬトラブルになることもありますよね。「モテる」ことが、誰にとっても幸せとは言い切れないとも感じます。

――それはわかる。好きじゃない人に告白されて、断って逆《さか》うらみとかされたら怖いもん。たくさんの人に好かれたいかはわからないけれど、ちょっといいなあって思っている人から好かれたら、単純にうれしいかな。誰からも選ばれないのは、さみしい。

「モテない」ことがつらいと感じている人は、「人から認められないこと」に対して劣等《れっとう》感《かん》や、疎外感《そがいかん》を抱いているともいえるでしょう。最近では「モテないこと」＝「非モテ」

という言葉も、ときに自虐的《じぎゃくてき》に使われたりしています。しかし、「モテるかどうか」ということだけがその人の価値ではありません。モテたいという他人からの評価から少し離れて、「自分は人としてどうありたいか」を考える方向にシフトしていくことが大事なのではないかなと思います。

――ほかの人の目ばっかり気にしていても、たいへんだもんね。

そうですね。人から注目を集めることにとらわれて、うまくいかずに苦しさを感じてしまう人は、若い人ほど多いと感じます。もちろん、そういう時期もあっていいと思いますし、「誰かに好かれたい」という気持ちをもつこと自体は、決して恥ずかしいことではありません。ただ、「モテているかどうか」で序列《じょれつ》が生まれてしまっているのもおかしな話ですよね。自分自身を見つめて磨《みが》いていくことも、心が満たされるひとつの行動のように思います。

他人の評価から少し離れて自分を見つめてみる

8

恋愛はコミュニケーション！

ここまで、たくさんの恋愛の話をしてきました。みなさんがふだんお友だちとする「恋バナ」とは、ちょっと違ったのではないでしょうか？

――ぜんぜん違った！　こんなにいろんな恋愛があるなんて、考えたこともなかった。

さまざまな親密さのかたちがあることを知ってもらえたのなら、とてもうれしいです。たくさんの大切なことをお話ししてきましたが、最後にあらためて伝えたいのは「恋愛はコミュニケーションが大事！」ということです。

――恋愛は、コミュニケーション。

恋愛にはさまざまな規範意識や価値観が存在しますが、結局のところ、目の前の相手とよくコミュニケーションをとって、よく話し合って、ふたりなりの正解を見つけていくしかない。そうして、大切な人と絆を深めていってほしいというのが私の願いです。

少し話がそれるのですが、私はいま「離婚」をテーマに研究をしています。そこで知ったのは、日本の夫婦はコミュニケーションがうまくとれずに離婚してしまうケースがとても多いということ。それは、恋愛関係においても同じなのではと感じます。恋人どうしが結婚し、生活をともにしたり、さらに家族が増えたりすれば、ふたりきりで交際しているときよりもさらにたくさん話し合ったり、決断しなければならないことも増えるでしょう。そんなとき、コミュニケーションがうまくとれるといいですよね。

――いっぱい話したほうが、いい恋愛ができるってこと?

もちろん、「いまは話す気分じゃない」ってときもありますよね。みなさんは「バウンダリー」という言葉は知っていますか?

——バウンダリー？　知らないなあ。

人と人のあいだにある「境界線《きょうかいせん》」のことを「バウンダリー」といいます。「性的同意」の話にも関係しますが、相手と自分のあいだに、目には見えない線が引いてあるとイメージしてみてください。そこを越《こ》えて相手に触れたいなと思ったら、「〇〇してもいい？」と聞いてみる。身体や性に関することだけでなく、こころも同じことがいえます。勝手に境界線を踏み越えて、いきなりプライベートなことを聞いてきたり、なにかを無理強《むりじ》いされたりすれば、誰でも嫌な気持ちになりますよね。

——そうだね。「ほうっておいてほしいな」って思うこともあるだろうし。

「少し距離を置きたい」と相手に伝えることも、立派なコミュニケーションです。「いま、自分とこの人との境界線はこのあたりだな」と考えてみると、相手とのコミュニケーションがしやすくなるかもしれません。「恋人だから〇〇しなきゃ」「こうするのが当たり前だからしよう」ではなく、「あなたはどう思う？」と、相手にリスペクトの気持ちをもって、確認すること。欧米にくらべて、よく日本では自分の意志を主張するのが得意な人が少な

自分と相手のあいだにある、
境界線＝「バウンダリー」

いといわれますが、愛情表現についても同じことがいえるかもしれません。自分の思いを伝えること、そして相手の思いを確認することは、恋愛するうえで欠かせないのではないかなと思います。

——そうだね。相手が自分の思いをきちんと受けとめてくれた！　って感じられたら、うれしいよね。

一方で、青春時代は恋愛をするのが当たり前だと思っている人もいると思いますが、決してそうではありません。恋人がいないことに焦ったり、周りの友人に置いていかれているとコンプレックスを感じたり、なかには恋人関係を急いで進めようとする人もいるかもしれません。しかし、全員が恋愛を必要とするわけではないし、しなくたっていい。さらにいえば、結婚をして当たり前でもありません。社会の恋愛や結婚にまつわる価値観はこれからもまた変わっていくかもしれませんし、大人になるにつれて、みなさん自身の価値観もきっと変わっていくでしょう。「いまの自分にとって大切なこと」を考えて、恋愛も結婚も選択していけるといいですよね。

おわりに

ここまで、恋愛についてみなさんとさまざまな切り口から対話を重ねてきました。「はじめに」で触れたような、恋愛にまつわる疑問や不安、モヤモヤした気持ちを、この対話を通じて整理できたかたもいれば、恋愛はやっぱり難しい、ますますわからなくなった……と感じたかたもいるかもしれません。

本書を手にとって読んでいただいたみなさんは、すでにお気づきかとは思いますが、「恋愛ってなんだろう?」という問いに対して、本書でははっきりとした定義を提示していません。なぜなら、「恋愛」は複数の人の主観《しゅかん》のうえに成り立つものであり、結局のところ、どのような切り口で恋愛を論じるのかによっても大きく変わってくるため、特定の立場で定義づけること自体が難しいからです。つまり、どのような時代に生きるのか、社会的な立場はどうなのか、セクシュアリティはどうなのか、などさまざまな文脈によって「恋愛」の意味づけは異なってきます。

しかし、「恋愛ってなんだろう?」と問い続けること自体は決して無駄《むだ》なことではなく、その問いを通してみえる世界は、個人の感情や行動といった小さな世界にとどまらず、時代や文化、社会構造やジェンダー構造などといったもっと広い世界を考えるきっかけになるのではないでしょうか。そのことを本書を通して感じていただけたらうれしいです。

さらに、本書では、デートDVや性的同意、SNSなどのソーシャルメディアとのかかわり方などについても議論を進めてきました。恋愛は、一般的な友人関係、人間関係に加えて、性的要素が関係してきます。そのため、コミュニケーションのありかたについては、より一層の配慮が必要となってきます。オランダやフランスなどをはじめとするセクシュアリティ教育が義務化されているヨーロッパ諸国においては、従来のような身体的発達や生殖《せいしょく》などに関する知識を教えるにとどまらず、個人の人権の尊重や人間関係そのものを教える、広い意味でのセクシュアリティ教育が施《ほどこ》されています。つまり、「恋愛」を考えるということは、人間関係や個人の人権を考えるうえでも重要なテーマだといえます。日本においてこれらの議論ははじまったばかりですし、みなさんが通う学校でも教えられないことがほとんどでしょう。しかし、今後ご自身が誰かと恋愛してもしなくても、結婚してもしなくても、子どもをもってももたなくても、社会の一員として過ごすうえでは、スルーできないテーマのひとつのように思います。

最後に、この本の企画をしてくださった平凡社の野﨑真鳥さん、私の拙《つたな》い言葉に魂《たましい》をこめて丁寧に言葉を紡《つむ》いでくださったライターの羽佐田瑶子さんに感謝申し上げます。おふたりとの打ち合わせを通して、あらためて、「恋愛」というテーマを深く考えることの面白さを再確認することができましたし、「恋愛」というのぞき窓を通してみえる社会問題や課題を改めて考えることができました。私自身も女性として、妻として、母親として、社会規範から完全に自由に生きているわけではありませんし、そうした自分を否定したりはしません。しかし、よりよい社会をめざして「当然」と思われるような出来事も疑いの眼差《まなざ》しをもって考えていきたいとは思っています。何よりも今後たくさんの経験を重ねていく子どもたちが生きづらさを感じて苦しくならないような社会であってほしいと願います。

参考文献・データ出典

*1　釜野さおり、岩本健良、平森大規「調査票調査で性的指向・性自認を捉える——SOGI 設問の試験的調査に基づく考察」国立社会保障・人口問題研究所、2020 年
• https://www.ipss.go.jp/projects/j/SOGI/202009KamanoIwamotoHiramori_BehaviormetricSociety.pdf
*2　『男女共同参画白書　令和4年版』内閣府男女共同参画局、2022 年
• https://www.gender.go.jp/about_danjo/whitepaper/r04/zentai/html/honpen/b1_s00_02.html
*3　高橋幸「「草食化」以後の異性友人関係——「添い寝フレンド（ソフレ）」経験者へのインタビュー調査から——」『ソシオロジスト』武蔵大学社会学部、2019 年
*4　「キャラと「結婚」2年で 200 組以上、「二次元恋愛」の今…「恋愛に与える影響は増大し続ける」」読売新聞オンライン、2023 年3月4日
• https://www.yomiuri.co.jp/national/20230224-OYT1T50172/
*5　「現代日本の結婚と出産——第 16 回出生動向基本調査（独身者調査ならびに夫婦調査）報告書——」国立社会保障・人口問題研究所、2023 年
• https://www.ipss.go.jp/ps-doukou/j/doukou16/JNFS16_ReportALL.pdf
*6　永田夏来「青少年にみるカップル関係のイニシアチブと規範意識」『「若者の性」白書——第7回 青少年の性行動全国調査報告——』一般財団法人日本児童教育振興財団内 日本性教育協会編、小学館、2013 年
*7　注6前掲論文
*8　注5前掲記事
*9　「マッチングアプリの動向整理」三菱 UFJ リサーチ&コンサルティング、2021 年
• https://www.caa.go.jp/policies/policy/consumer_policy/meeting_materials/assets/internet_committee_220121_0002.pdf
*10　「デート DV 白書　VOL. 5——全国デートDV実態調査報告書」認定 NPO 法人エンパワメントかながわ、2017 年
• https://notalone-ddv.org/more/229/
*11 デビッド・ノッター「男女交際・コートシップ：「純潔」の日米比較社会史」『京都大学大学院教育学研究科紀要』2000 年
*12　『「若者の性」白書——第8回 青少年の性行動全国調査報告——』一般財団法人日本児童教育振興財団内 日本性教育協会編、小学館、2019 年
*13　『「若者の性」白書——第7回 青少年の性行動全国調査報告』一般財団法人日本児童教育振興財団内 日本性教育協会編、小学館、2013 年
*14　注5前掲記事
*15　「性的マイノリティについての意識——2019 年全国調査結果報告会資料」広島修道大学人文学部人間関係学科社会学専攻　河口和也研究室、2020 年
• http://alpha.shudo-u.ac.jp/~kawaguch/2019chousa.pdf

『ローラ・ディーンにふりまわされてる』マリコ・タマキ、三辺律子訳、ローズマリー・ヴァレロ・オコーネル画、岩波書店
『21世紀の恋愛　いちばん赤い薔薇が咲く』リーヴ・ストロームクヴィスト、訳：よこのなな、花伝社

映画

『his』今泉力哉監督、日本、2020年
『カランコエの花』中川駿監督、日本、2018年
『ハーフ・オブ・イット：面白いのはこれから』アリス・ウー監督、アメリカ、2020年
『パレードへようこそ』マシュー・ウォーチャス監督、イギリス、2014年
『トムボーイ』セリーヌ・シアマ監督、フランス、2011年
『燃ゆる女の肖像』セリーヌ・シアマ監督、フランス、2019年
『ムーンライト』バリー・ジェンキンス監督、アメリカ、2016年
『チョコレートドーナツ』トラヴィス・ファイン監督、アメリカ、2012年
『キャロル』トッド・ヘインズ監督、アメリカ、2016年

ドラマ

『HEARTSTOPPER ハートストッパー』アリス・オズマン原作、イギリス、2022年〜
『セックス・エデュケーション』ローリー・ナン原作、イギリス、2019年〜
『恋せぬふたり』吉田恵里香作、日本、2022年

●小説・エッセイ

『完璧じゃない、あたしたち』王谷晶、ポプラ社、2018 年
『きみだからさびしい』大前粟生、文藝春秋、2022 年
『ぬいぐるみとしゃべる人はやさしい』大前粟生、河出書房新社、2020 年
『女子サッカー選手です。そして、彼女がいます』下山田志帆、偕成社、2022 年
『3人で親になってみた　ママとパパ、ときどきゴンちゃん』杉山文野、毎日新聞出版、2021 年
『マリエ』千早茜、文藝春秋、2023 年
『with you』濱野京子、くもん出版、2020 年
『ヒカリ文集』松浦理英子、講談社、2022 年
『恋の相手は女の子』室井舞花、岩波ジュニア新書、2016 年
『勝手にふるえてろ』綿矢りさ、文藝春秋、2010 年
『僕の狂ったフェミ彼女』ミン・ジヒョン、訳：加藤慧、イースト・プレス、2022 年
『わたしに無害なひと』チェ・ウニョン、訳：古川綾子、亜紀書房、2020 年

マンガ

『氷の城壁』阿賀沢紅茶、集英社
『気になってる人が男じゃなかった』新井すみ子、KADOKAWA
『インターネット・ラヴ!』売野機子、祥伝社
『青のフラッグ』KAITO、集英社
『しまなみ誰そ彼』鎌谷悠希、小学館
『初恋、ざらり』ざくざくろ、コルク
『mon*mon 学生編』シモダアサミ、太田出版
『スキップとローファー』高松美咲、講談社
『わたしたちは無痛恋愛がしたい』瀧波ユカリ、講談社
『今夜すきやきだよ』谷口菜津子、新潮社
『付き合ってあげてもいいかな』たみふる、小学館
『煙たい話』林史也、光文社
『消えた初恋』原作：ひねくれ渡、作画：アルコ、集英社
『ぼくらのへんたい』ふみふみこ、徳間書店
『違国日記』ヤマシタトモコ、祥伝社
『作りたい女と食べたい女』ゆざきさかおみ、KADOKAWA
『環と周』よしながふみ、集英社
『恋愛的瞬間』吉野朔実、小学館

おすすめの本・マンガ・映画・ドラマ

本

●もっと知りたい人のために

『もう一人、誰かを好きになったとき――ポリアモリーのリアル』荻上チキ、新潮社、2023年

『夫婦別姓――家族と多様性の各国事情』栗田路子、冨久岡ナヲ、プラド夏樹、田口理穂、片瀬ケイ、斎藤淳子、伊東順子、ちくま新書、2021年

『好きのありかた（LGBTだけじゃない！ わたしの性）』監修:佐々木掌子、国土社、2022年

『ジェンダーについて大学生が真剣に考えてみた――あなたがあなたらしくいられるための29問』監修：佐藤文香、一橋大学社会学部佐藤文香ゼミ生一同、明石書店、2019年

『セイシル』セイシル製作チーム、KADOKAWA、2022年

『「同意」を考えよう２ 性的同意編』監修：櫻井裕子、汐文社、2023年

『マンガでわかるLGBTQ+』パレットーク、講談社、2021年

『ポリアモリー 複数の愛を生きる』深海菊絵、平凡社新書、2015年

『おうち性教育はじめます 一番やさしい！ 防犯・SEX・命の伝え方』フクチマミ、村瀬幸浩、KADOKAWA、2020年

『おうち性教育はじめます 思春期と家族編』フクチマミ、村瀬幸浩、KADOKAWA、2022年

『3万人の大学生が学んだ 恋愛で一番大切な"性"のはなし』村瀬幸浩、KADOKAWA、2020年

『ジェンダーのとびらを開こう』村田晶子、森脇健介、矢内琴江、弓削尚子、大和書房、2022年

『RESPECT 男の子が知っておきたいセックスのすべて』インティ・シャベス・ペレス、訳：みっつん、医療監修：重見大介、現代書館、2021年

『ACE アセクシュアルから見たセックスと社会のこと』アンジェラ・チェン、訳:羽生有希、左右社、2023年

『見えない性的指向 アセクシャルのすべて――誰にも性的魅力を感じない私たちについて』ジュリー・ソンドラ・デッカー、訳：上田勢子、明石書店、2019年

『〈恋愛〉の現在』現代思想2021年9月号、青土社

にじーず（一般社団法人にじーず）

10 代～ 23 歳くらいまでの LGBT（そうかもしれない人を含む）の居場所づくりをしている団体で、全国各地に拠点があり、定期的に交流会を行っています。

- http://24zzz-lgbt.com

セイシル（TENGA ヘルスケア社）

恋愛やセックス、女性や男性のからだ、避妊、マスターベーション、性暴力など、性に関する様々な話題について、10 代の若者向けにわかりやすく発信しているサイトです。

- https://seicil.com

HAPPY LOVE GUIDE（NPO 法人ピルコン）

恋愛や性の悩みについての疑問に応えるサイトです。望まない妊娠や性感染症の予防、健康に生きるための性の健康に関する情報を紹介しています。

- https://pilcon.org/help-line

I LADY.（国際協力 NGO ジョイセフ）

全国の 15 ～ 29 歳の若者を対象に、リアルな恋愛・結婚・家族観、セックスや避妊に関することなど、性と恋愛をテーマに意識調査を発表しています。

- https://ilady.world

全国のにんしんSOS相談窓口

予期せぬ妊娠をしてしまったとき、都道府県別に相談窓口を紹介しています。お住まいの地域の相談窓口にご連絡ください。

- https://zenninnet-sos.org/contact-list

ヤング・テレホン・コーナー（警視庁少年育成課少年相談係）

20歳未満の人を対象に、電話（03-3580-4970）で24時間いつでも相談を受け付けています。本人のほか、ご家族や学校関係者の方も相談可能です。月曜から金曜の8時30分から17時15分は専門の担当者が対応します。

- https://www.keishicho.metro.tokyo.lg.jp/sodan/shonen/young.html

こたエール（東京都都民安全推進部）

インターネットやスマホでのトラブル（「会いたいと言われた」「画像を送ってしまった」など）について相談できます。電話（0120-1-78302）、メール、LINEで相談が可能。電話は月曜から土曜の15時〜21時（祝日と年末年始を除く）、メールは24時間、LINEは月曜から土曜の15〜21時受付（祝日と年末年始を除く）。

- https://www.tokyohelpdesk.metro.tokyo.lg.jp

よりそいホットライン（一般社団法人社会的包摂サポートセンター）

24時間、通話料無料で電話相談ができ、性暴力やDV、セクシュアル・マイノリティに関する専門の回線があります。外国語でも相談できます。電話は0120-279-338(岩手県・宮城県・福島県からは0120-279-226)。

- https://www.since2011.net/yorisoi/

Mex（ミークス／認定特定非営利活動法人3keys）

10代に必要な情報や、自分の悩みにあった相談先、居場所をさがせるウェブサイトです。

・https://me-x.jp

相談先・情報サイト

性にまつわること、恋愛をはじめ人間関係に関することで悩んだとき、トラブルになったときに相談できる機関や、必要な情報を教えてくれるウェブサイトの一覧です。電話やメール、チャットなど、さまざまな相談方法があります。

Cure time（内閣府）

性暴力を受けたときや、性的行為に関する不安や悩みを相談できます。チャット、メールでの相談が可能です。毎日 17 ～ 21 時受付。10 の外国語に対応しています。

- https://curetime.jp/

性犯罪・性暴力被害者のためのワンストップ支援センター #8891（内閣府）

性犯罪・性暴力にあったときに支援が受けられる最寄りのワンストップ支援センターにつながります。電話（#8891）で受付可能で、医療機関やカウンセリング、法律相談などに関して、ひとつの窓口で対応してくれます。

- https://www.gender.go.jp/policy/no_violence/seibouryoku/consult.html

デート DV110 番（認定 NPO 法人エンパワメントかながわ）

電話（050-3204-0404）、Wifi 電話、アプリ（iPhone のみ）、チャットで相談が可能。電話受付は年末年始を除く月曜から土曜の 19 ～ 21 時。

- https://ddv110.org/#aboutddv

DV 相談＋《プラス》（内閣府）

電話（0120-279-889）、メール、チャットで相談が可能。電話・メールは 24 時間受付、チャット相談は毎日 12 ～ 22 時。緊急の場合は「DV 相談ナビ」（#8008）へ電話を。最寄りの相談窓口につながります。

- https://soudanplus.jp

性犯罪被害相談電話 #8103（ハートさん／警察庁）

性犯罪の被害にあってしまったときに警察に相談できます。電話すると、自動的にあなたの都道府県警の性犯罪被害相談窓口につながります。電話（#8103）で受付。

- https://www.npa.go.jp/higaisya/seihanzai/seihanzai.html

大森《おおもり》美佐《みさ》

お茶の水女子大学大学院人間文化創成科学研究科博士後期課程修了。博士（社会科学）。東京家政大学家政学部助教。日本社会における家族や夫婦、若者たちの親密性のありかたを社会学・ジェンダーの視点から研究。著書に『現代日本の若者はいかに「恋愛」しているのか――愛・性・結婚の解体と結合をめぐる意味づけ』（晃洋書房）。

中学生の質問箱
恋愛ってなんだろう？

発行日　2024年2月21日　初版第1刷

著　者　大森美佐
編　集　野﨑真鳥（平凡社）
構　成　羽佐田瑶子
発行者　下中順平
発行所　株式会社 平凡社
〒101-0051 東京都千代田区神田神保町3-29
電話　03-3230-6573（営業）
平凡社ホームページ https://www.heibonsha.co.jp/

装幀+本文デザイン　坂川事務所
DTP・図表作成　株式会社キャップス

印刷・製本　中央精版印刷株式会社

ISBN978-4-582-83944-9

【お問い合わせ】
本書の内容に関するお問い合わせは
弊社お問い合わせフォームをご利用ください。
https://www.heibonsha.co.jp/contact/